ダライ ラマ
真実の肖像

語り：ダライ・ラマ14世
　文：クロディーヌ・ベルニエ゠パリエス
序文：マチュー・リカール
　訳：神田順子
解説：薄井大還

二玄社

テンジン・ゲェイチェ・テトン、テンジン・タクラ、ジェツゥン・ペマ、ンガリ・リンポチェ、ダグポ・リンポチェの各氏、そしてチベット代表部（パリ）に厚く感謝します。

この本はフロランス・ドルエとシリル・ドルエの協力があって完成しました。

Dalaï-Lama et Claudine Vernier-Palliez : "Dalaï-Lama, Images d'une Vie"
Préface de Matthieu Ricard
© Editions Hoëbeke France, 2008.
© Nigensha Publishing Co., Ltd. for the Japanese-language edition.
This book is published in Japan by arrangement with Editions Hoëbeke,
through le Bureau des Copyrights Français, Tokyo.

目　次

序文　ダライ・ラマ14世 間近に見たその姿……4

1. そしてラモ・ドンドゥプはダライ・ラマ14世になった……10

2. 中国の侵攻からインド亡命まで……38

3. ダライ・ラマ不在のチベット……58

4. 亡命チベット人社会……82

エピローグ……108

解説　「愛と慈悲、非暴力」の未来へのメッセージ……117

序文
ダライ・ラマ14世
間近に見たその姿

　インド北部ヒマラヤ山塊が黒々と威圧的に聳える麓の村、ダラムサラはまだ静かに眠っている。緑豊かな丘の上で灯りがぽつんと点った。ダライ・ラマ14世が目を覚ましたのだ。朝の3時過ぎである。この100年で最も傑出した人物の一人であるダライ・ラマ14世の一日は祈りと瞑想で始まる。どこにいようと、状況がなんであれ、チベットの人々にとって政教両面の指導者であるダライ・ラマは毎朝4時間の瞑想を欠かさない。人々の幸福を願う心からの祈りと一体となった瞑想である。

　居室はラッカー塗り板張りの簡素な作りで、チベット寺院で通常見かけるような華やかな装飾は一切ない。小さな祭壇の上には1体の仏像と、師と仰ぐ先達たちの写真、経典が置かれている。6時頃になると、BBCのニュース番組を聞きながらダライ・ラマは旺盛な食欲で朝食を摂る。仏教僧の例に漏れず、夜は食事をしないからである。その後、8時から9時くらいまで瞑想を続ける。

　ダライ・ラマはどのような犠牲を払っても日課であるこの瞑想を怠らない。チベットの正義のために息の長い戦いを続けているダライ・ラマにとって瞑想はエネルギーの供給源なのだ。瞑想が終わると、チベットから持ち出された貴重な宝物が保管されている部屋に行く。その中のひとつ、人間と同じ背丈がある白檀の仏像は、中国による破壊から信徒たちが救い出してダライ・ラマに捧げたものである。ダライ・ラマはこの仏像を仏陀の化身と見立て、その前に108回身を投げ出して（五体投地）祈る。神にではなく、崇高な智慧である「悟り」に対して謙虚に額ずく動作である。

惜しみない慈悲の旅

　ダラムサラの住まいにおけるダライ・ラマの一日は簡素で平穏であるかのように思われる。しかし一年の大半は、あわただしいスケジュールが規則正しい生活をかき乱している。インド国内や他国で講話を行うことはしばしばである（話を聞こうと、時として何十万もの信徒が集まる）し、世界各地を訪問することも多いからだ。多くの人々の思いに応えたい、中国共産党の全体主義に苦しめられるチベットの人々を支えたい、と願うダライ・ラマは世界中を巡って平和を訴えており、休憩時間は数分あったら良い方だ。この超人的なスケジュールにもかかわらず、ダライ・ラマは常に穏やかで誠実である。誰を前にしても――男女を問わず、空港でたまたま出会った人であろうと――直ちに、そして真剣に向き合い、善意に満ちた眼差しで心の扉を開き、微笑みかけて静かに立ち去る。

　しかし善意は弱さではない。いざ必要な場面となると、ダライ・ラマの中にある力強い雄弁家が目覚める。ダライ・ラマはしばしば次のように語る。「通常の戦いは、一人の勝者と一人の敗者が出て終わるか、二人とも敗者となって終わります（大半は後者のケースです）。チベットの人々のために私が続けている戦いはそれとは違います。私が全力を尽くして求めているのは真実の勝利です」

　ダライ・ラマはたびたび「自分が旅をする主な理由は、人間にとって大切な価値を説き、宗教間の融和に貢献するためです」と述べている。次のように語るダライ・ラマにとって、知性を伸ばすために大量の知識を与えるだけの教育は明らかに不十分である。「2001年9月11日のアメリカ同時多発テロを実行した者たちは知性を大いに活用しました。しかし、その知性は、

大勢の人が乗っている飛行機を爆弾代わりに使って別の人々を殺す、という信じられない行為を犯すために使われました」。他人を慮った賢明なやり方で知性を使える人が育つように、若者の人間的資質向上を手助けしなければならない、とダライ・ラマは主張する。

ダライ・ラマによると、幸福と苦しみを経験するのは私たちの心であり、心の外側に幸福を求めるのは道に迷う行為である。ある時ポルトガルを訪問し、建設業が盛んなのを目の当たりにしたダライ・ラマは興味深い比喩を用いて自説を説いた。「いくら豪華な建物の100階に引っ越してもその人が心の中で不幸であるとしたら、次に探し求めるのはただひとつ、身投げするための窓でしょう」。幸福を自分で見つけだし、自分の幸福は他者の幸福と密接に関係していることを理解しなければならない。

こうして人間にとって大切な価値を説く一方、ダライ・ラマはユーモアたっぷりで、もったいぶったところなど微塵もない。大統領や大臣との会見の後、ダライ・ラマが守衛詰所に立ち寄って守衛の手を取ったり、ガラスの仕切りの後ろに控えた電話交換手に駆け寄って握手したりするのを私は何度目にしたことか。きらびやかな制服に身を固め、抜き身のサーベルを捧げもつフランス共和国儀仗兵の背を親しげにポンと叩くこともある。兵士は驚いて一瞬石のように固まってしまうが、気さくな応対に感激する。元フランス大統領夫人ダニエル・ミッテランがダラムサラを訪れた際、ダライ・ラマは案内役を買ってでた。僧院付き寺院の大きな仏像の前に来ると、ダライ・ラマは敬虔な手つきで仏像を示しながらこう紹介した。「私の上司（ボス）です！」

誰とでも心を通わせることができるこの不思議な能力が一段と発揮されるのは、予定外の出会いの場である。1999年12月11日、ベルシー（パリ）で開催されたアムネスティ・インターナショナルのコンサートで、ダライ・ラマは事前予告なしのサプライズゲストとしてロック歌手のパフォーマンスの合間に照明も華やかな舞台に姿を現した。すると、客席にいた1万5,000人の若者が一斉に立ち上がり、非暴力の伝道師ダライ・ラマに拍手喝采した。続いて、ロックコンサートでは珍しい光景だが聴衆は沈黙し、ダライ・ラマが語る温かい言葉に耳を傾けた。話が終わると、ふたたび大喝采が巻き起こった。事前に何も知らされていなかった観客たちが全員、心からの喜びを表明したのはなぜだろうか？　ガンジー、マーチン・ルーサー・キングといった人々も同じような反応を引き起こしていたことを思い出す。ベルシーの観客たちはダライ・ラマの心の広さを感じ取ったのだろう。

ドイツで実施されたある世論調査によると、33％の人々がダライ・ラマは現代で最も賢明な人物であると考えている（ローマ法王は17％）。不思議なことに、このパーセンテージはカトリック教徒の間ではもっと高い（37％）。ダライ・ラマの話を聞くためにニューヨークのセントラルパークに15万人もの聴衆が集まったこともある。なぜ、人々がダライ・ラマにこれほど好感を持つのだろうかと尋ねると、本人は次のように答える。「私には特別な資質などありません。もしかしたら、昔から絶えず全身全霊を傾けて愛と慈悲について瞑想してきた結果かもしれませんね」

すべての人々に温かい気持ちを寄せる並外れた能力に加え、ダライ・ラマと接する機会を得た人々に大きな感銘を与えるのは、ダライ・ラマが常に自分の気持ちに正直であるという点だ。表情の研究者として世界

的権威の一人であるポール・エクマンは「50年間感情の表現を観察してきたが、これほど正直に感情を顔に表す人は見たことがない」と語っている。ダライ・ラマは自身のイメージに無頓着であり、それゆえに偽善とは無縁である。ダライ・ラマが人々の内にある優れた人間性を自然に引き出してしまうのも、叡智と無辺の善意にあふれている上に自分自身を偽ることがないからだ、と私は思う。ぎこちなく慎重な物腰で、時として疑念を抱いて面会に訪れた人たちが、目に涙をため温かい思いに心を満たされてダライ・ラマのもとを辞すのを、私は何度も見ている。気取りのない物腰、率直な言動、そして誰をも親しく遇する態度が、どのような心の障壁をも取り去ってしまうのだ。私にとって、通訳としてダライ・ラマの傍らで過ごす数日は毎回、宗教的にも人間的にも蘇（よみがえ）る思いに満たされる、実に多くを学ぶ経験である。

宗教間の対話を求めて

ダライ・ラマはしばしば次のように述べている。「私がここに来たのは一人でも仏教徒を増やそうという布教目的ではなく、何世紀にもわたって仏教が探求してきた叡智についての私の経験を伝えるためです」

寛容で度量のある精神は、欧米が評価する仏教の特徴のひとつである。事実、仏教はドグマではなく実験的試みを基盤として成立した。この意味で、仏教を「瞑想的科学」と呼ぶこともできよう。仏教が探求する分野は人間を取り巻く物質世界にとどまらず、精神の事象や幸福と苦しみのメカニズムにも及ぶ。歴史上、宗教が大きな紛争を引き起こした例は枚挙にいとまがない。こうした過ちを繰り返さないためには、博識者たちが集まってさまざまな宗教の基盤となっている哲学を理解する機会や、瞑想家たちが個人的な宗教体験の深い意味を分かち合う対話を奨励しなくてはならない。

宗教、哲学、それとも人生の知恵？

仏教は第一に、真の幸福を目指す自己変革の道である。誰が苦しみを求めるだろうか？　朝、目覚めたときに「一日中、不幸でいたい！」と望む者などいるだろうか？　意識的もしくは無意識的に私たちは皆、「さらなる満足」を求めている。私たちは愛情や友情の絆を結ぶために数限りない試みに着手する。探求するために、創造するために、富を得るために、愛する者たちを守るために、そして自分に害をなす者たちから身を守るために。こうした試みを否定するのは無意味である。しかし、仏教はある種の快感や強い喜びを体験したり、上機嫌の一日を過ごしたりすることに満足しない。こうした体験を幸福と同一視する人が多いが、これら断片を集めても本物の幸福を特徴づける深い浄福感は生まれない。仏教によると本物の幸福は、並外れて健やかで清明な精神から生まれる充足感である。それは、あらゆる喜びやあらゆる人生の労苦を包み込む人生の叡智であり、憎しみや偏執的な欲望、驕（おご）りや妬みから解放された達観の境地である。

無辺の利他主義

幸福にもともと備わっている要素のひとつが、内にこもらずに光のように外に溢れ出す利他主義、自己より他者の利益を優先する考え方である。自分自身と穏やかな関係にある人は、家族や隣近所、自分の村や町を平和に保つように自発的に努めるし、事情が許せば自国の平和にも尽くすだろう。幸福な人は静穏で満たされた精神の持ち主だから、自分が生きる社会の幸福

に自発的に尽くすことになる。自身がそのように変容すれば、世界も変容する。

世界に対する責任

愛と慈悲は、仏教哲学の核心である因果応報と不可分の関係にある。私たちの命は数多くの命と密接に結びついており、私たちの幸福は他者の幸福抜きでは考えられない。他人の不幸の上に自分の幸福を築こうとすることは不道徳であるばかりでなく非現実的でもある。地球のどこかで発生するあらゆる重要な出来事は世界のすべての人に影響を与えている。私たちは思考においても行動においても、生きとし生けるものすべての安らぎを心にかけなければならない。ここから導き出されるのが、人間相互の非暴力、動物に対しての非暴力、環境に対しての非暴力という重要な概念である。ダライ・ラマは「他者の不幸に無関心なままに幸福を追求することは悲劇的な誤りです」と説く。

非宗教的な倫理

ダライ・ラマは「宗教なしで済ますことができても、愛と慈悲を排除することは誰にも許されません」と強調する。私たちは生まれた時から死ぬまで、愛を受け、愛を与えることを必要としている。ダライ・ラマは宗教と世俗的倫理を区別している。後者は非宗教的な精神性とも呼べるものであり、その目的は私たちがより優れた人となるように導き、信仰のあるなしにかかわらず、私たち全員が秘めている優れた資質を育てることである。

正しいモチベーション

ダライ・ラマは、私たちを行動に駆り立てる真のモチベーションが何であるかを常に確かめ、人々の幸福を目的としていない、もしくは人々を害する恐れのあるあらゆる行動を放棄することがいかに重要かを絶えず説いている。この原則は単純そうに思われるが、実行するのは容易でない。どんな正しい行動にも「自身を大きく変える努力」と「根底からの誠実さ」が必要不可欠だからである。

仏教では、犯罪者を病人とみなす。医師は患者の心身の病気を目の当たりにしてやりきれなさを覚えるかもしれないが、患者を糾弾したり罰したりするのではなく治療するのが使命である。この考え方を敷衍すると、私たちに害悪をなす人は敵意や貪欲、傲慢や妬みを宿した中毒患者とみなすことができる。彼らが害悪をなすのは阻止しなくてはならないが、私たちが憎しみに任せて反撃すれば彼らと同じような人間になってしまう。叩くべき相手は人ではなく、激情や行為である。犯罪者が変われるように支えてやろうではないか。

非暴力は弱さなのか？

ダライ・ラマは言う。「武装解除は、内面的武装解除抜きではあり得ません。一人ひとりが平和的にならなくては、人々の集合体である社会が平和になることなど決してあり得ないのです」。仏教の理想を受け入れ追求する人にとっては、他人に害をなすことなど思いもよらず、まして、他人を害しながら仏教の理想を追求することなどあり得ない。だから平和の実現には個人の変革が必要であり、まずは政治指導者たちこそ自己変革してもらわなければならない。世界の武器の95％の売り手は、国連安全保障理事会の五つの常任理事国であることは周知の事実である。

以下はダライ・ラマの言葉である。「紛争を力でな

く道理で解決することは、正しい行動をとったという思いを強め、深い満足を与えてくれます。暴力の行使は相手の心に――この相手が卓越した叡智の持ち主であるなら別ですが――根深い怨念を植えつけ、これが新たな紛争の種となります。誰かに変化を押しつけようとしても、相手の精神状態の変化が先行しなければ不可能です。誰かの態度を変えようと思うなら、納得できる道理を誠意ある態度で説くべきで、変化を押しつけてはなりません」

科学との新たな対話

2007年11月12日、ワシントンで開催された米国神経科学学会の初日、大ホールの扉が開かれると科学者たちが先を争って、演壇に近い前方の席を確保しようとした。前代未聞の事態であった。3万7,000人の科学者が参加して毎年開催される同学会はこの日、オープニング講演の話者としてダライ・ラマを招待していた。ダライ・ラマは30分間の講演において、心の働きに関する知識を深めることで苦しみを取り除こうとする仏教のプラグマティックで実験的な側面について語った。そして、科学の進歩に伴い、（例えば宇宙論などの分野において）古い仏典とは異なる知見が得られたら、その仏典の内容は時代遅れで無効と見なしてよいと断言する一方で、「ただし仏教と科学は、仏教が2,000年以上も前から取り組んでいる精神修養で得た知識を共有できます」と述べた。ハーバード大学心理学科長であり、視覚イメージ論の世界的権威であるスティーブン・コスリン博士も近年、「私たちは、仏教の瞑想家たちの経験に基づいて集積された膨大なデータに対して謙虚な態度で臨むべきである」と語っている。

建設的に機能するように自分の精神を鍛え、妄執を満ち足りた思いに、動揺を平穏に、憎しみを慈愛に置き換えることは、どの程度可能であろうか？ 20年前は、「脳は出生時にすべてのニューロンを備えていて、その数は後の経験によって変化することはない」との見方が神経科学の定説であった。しかし現在では「神経可塑性」説の方が有力になっている。すなわち、経験に応じて私たちの脳は絶えず変化しており、一生涯ニューロンを作り続けることが可能であるとされる。事実、音楽やスポーツをはじめとする特殊な訓練を受けると脳は大きく変化することがある。すると、注意力、慈悲心、さらには幸福感までもが強化可能ということになり、仏教が開発した「ノウハウ」がそうした強化に大きな役目を果たすとも考えられる。

ところで、あらゆる能力は訓練を必要とする。弛まぬ練習なしにピアノの名手やテニスのチャンピオンになれはしない。精神も、身体と同じように鍛えることは十分可能だ。そうなると、一日の一定時間を慈愛やその他の望ましい資質を培う鍛錬に充てることによって効果が期待できる。仏教において、瞑想は実践的修行のひとつである。瞑想とは、これまでとは異なる生き方、思考と感情をコントロールする新しい方法、世界の新しい見方を受け入れるための鍛錬なのである。神経科学の役割は、仏教のこうしたメソッドの有効性を評価し、脳や身体への影響を調べることであろう。

慈愛や利他主義や心の平安の修得を目標に20年以上も瞑想を実践している人々を被験者に選び、さまざまな研究プロジェクトが2000年からスタートしている。それぞれ合計1万～5万時間を瞑想に費やしてきた仏教僧および在家仏教徒約20人（いろいろな宗派を代表する瞑想のスペシャリストたち）が、アジアや欧州から米・ウィスコンシン大学マディソン校に集まり、ア

ントワーヌ・リュツ（フランス人研究者）とリチャード・デイビッドソンの研究チームによる「瞑想が脳に及ぼす影響を調べる研究」に参加した。

瞑想状態に初めて科学がメスを入れた本格的研究として、発表は最初から注目を集めた。権威ある米国科学アカデミー紀要（PNAS）ウェブ版に掲載された論文は15万回以上もダウンロードされ、1年後にはPNASウェブ版で最もアクセスがあった記事のランキングで5位を占めた。

この研究によると、瞑想実践家が慈愛について瞑想を始めると、ガンマ波の急速な振動が目立って増え、首尾一貫した脳活動が顕著に高まる。1週間ほど瞑想のトレーニングを受けただけの若い学生10人からなる対照グループと比べ、瞑想実践家たちのこうした脳活動は際立っており、デイビッドソンは「神経科学の文献ではこれまで見たことがないレベル」と述べている。

研究は始まったばかりで、興奮を覚えるような発見がまだまだ出てくるだろう。私たちが心をコントロールして自在に変えてゆく可能性は、心理学がこれまで考えていたより遥かに大きい、と証明されるのではないか。この分野でダライ・ラマは仏教と科学の出会いを仲介する決定的な役目を果たしている。神経生物学者フランシスコ・バレーラと弁護士アダム・エングルが設立したマインド・アンド・ライフ研究所が1987年から主宰している「科学と仏教」会議を支援していることもその一例だ。瞑想は仏教文化圏では何千年も前から高く評価されている。これからは欧州でも瞑想に対する認識が改まるのではないだろうか。瞑想の有効性が科学的に証明されれば、そのテクニックを宗教性を取り除いて応用することが考えられる。例えば、身体を鍛える体育を補完する「心の体育」として教育現場が採用することや、大人の心のケアに使うことが考えられる。そのためには、瞑想者の脳の変化を長期にわたって分析する必要がある。すなわち、数年間、何百人もの被験者を対象に持続的調査を実施しなければならない。しかし、これまでの研究から、瞑想効果を得るために必ずしも熟練した瞑想者である必要はないことが明らかになっている。20分の瞑想を日課にすれば、ストレス、怒り、鬱的傾向が減り、免疫システムは強化され、感情のバランス保持に効果がある。ダライ・ラマも次のように語っている。「精神を訓練することで、人は以前より穏やか、晴朗、かつ利他的になれます。これこそ私の主たる目的です。私が広めたいのは仏教というより、社会の安寧に貢献できる仏教の智慧なのです」

ダライ・ラマは間違いなく、現代を代表する倫理的権威の一人となっている。寛容、対話の推進、「積極的な非暴力」を説き、精神の訓練によってより良い人間になろうと訴えるダライ・ラマのメッセージは、他者を思いやる社会の建設へと私たちを導いてくれるのではなかろうか。そうしたメッセージを実行するのは私たち一人ひとりの役目である。ガンジーも「世界を変えたいのなら、私たち自身が手本となって変わらなければならない」と述べている。この道は、他人任せでなく私たち自身が切り拓かなければならない。それは苦労する価値のある冒険である。

マチュー・リカール

1. そしてラモ・ドンドゥプはダライ・ラマ14世になった

　ある曇天の寒い朝、聖都ラサの住民はダライ・ラマの住むポタラ宮を見上げ、宮殿の黄金の屋根が黒色に変わっているのを見た。ラサは喪に服した。「偉大なる13世」と呼ばれたトゥプテン・ギャツォはその前夜、1933年12月17日に結跏趺坐の姿勢で逝去した。生涯貫いた祈りの姿勢である。13世の亡骸は防腐処理後、緞子に覆われ、塩を詰めた縦棺に納められた。顔は聖地インドの方角、南に向けられた。ある朝、僧侶たちは13世の頭の位置が変わっていることに気づいた。顔は北東を向いていた。そして、ダライ・ラマの夏の宮殿ノルブリンカの殯のお堂では、北東の木の柱に星の形をしたキノコが生えていた。

　2年後、カシャック（チベットの内閣）により摂政に指名されたレティン・リンポチェは、高官の一団とともに驢馬に乗って5,000メートルの高地に赴いた。14世紀末にダライ・ラマ2世が発見した聖なる湖、ラモイ・ラツォに伺いを立てるためである。一行はチョコルギャル寺に1週間滞在して、天に祈願し、湖岸でおのおの瞑想した。サファイヤ色の水辺に坐り、動かず、息さえせずに深く瞑想する姿は石仏のようだった。突然、リンポチェは湖の上に三つのチベット文字が驚くほど鮮明に現れるのを見た。ア、カ、そしてマ。やがて、黄金と翡翠の屋根に覆われた僧院と、トルコ石色の瓦を葺いた慎ましい農家が現れた。屋根には奇妙な樋嘴（ガーゴイル）がある。庭では小さな男の子が茶色と白の混じった犬と遊んでいる。男の子は何かを待っている様子だ。目は悲しそうだが笑っている。摂政の見た幻影を記した文書は封印され、特別に編成された警護団の手でラサに送られた。

　間もなく、権威あるデプン僧院でネチュンがトランス状態に入った。ネチュンは国事神託官であり、公式の決定はすべてその託宣に従って下される。40キロの衣と25キロの帽子をまとったネチュンの体、手足、顔は歪み、その体格は普段の倍になったように見えた。声は変わり、もはや人間の声ではなくなった。重たい剣で天を切り裂く。香の螺旋状の煙とバターランプの震える光の中、ネチュンの姿はタンガや寺院の壁画に描かれた怒れる神を思わせた。超自然的な力に支配されてぎくしゃくと動くその姿は、皆がよく知っているあの、人の良い穏やかなラマ、皆に愛され尊敬されているラマとは別人だった。チベットの守護神ネチュンが彼の魂に乗り移ったのだ。「14世ギャルワ・リンポチェはどこにおられますか？」と摂政が尋ねた。ネチュンは北東の方角に剣を差し向け、腕を伸ばしたままの姿勢でまる3分間動かなかった。そして気を失って倒れた。幻影と予言に関する報告がカシャックに提出され、カシャックは三つの捜索隊を放った。第1隊は南東部のダグポとゴンポに、第2隊は東部のカムとヤンに、第3隊は北東部のアムドとアリグに。第3隊が1936年9月にラサを発とうとしていた時、雪が降り出した。この季節にはあり得ないことだ。真紅の太陽に照らされて数秒のうちに雪は融けた。チベットの天候は人知の及ばない変化を見せる。捜索は極秘のうちに行われた。託宣の買収や予言の操作が行われることを防ぐためだ。

　ある夏の夕方、一人の婦人が畑から戻ってきた。力強く、優しい表情を浮かべている。野菜の手入れをし、マントラを唱えながら日中を畑で過ごしたのだ。婦人は、トルコ石色の瓦を葺いた慎ましい家に戻ると、暖炉の火を掻き立てた。彼

セラ僧院の僧侶

女は、体内に子が育ちつつあることを仏陀に感謝し、妊娠を告げたその日に病に倒れた夫の回復を祈願する。この粗野で頑健な男は怒り出すと手がつけられないことで知られ、皆に恐れられているが、牛の世話にかけては右に出るものがなかった。彼は高熱を出して寝込み、苦しんでいるが、アムチ（医者）にはどうすることもできない。病んだ原因さえ不明なのだ。かれこれ4年の間、タクツェルの村は災い続きだった。小麦が実れば雹が降り、大麦が芽吹けば旱魃が襲った。家畜は理由もなく死んだ。雌鶏はからっぽの卵を産み、やがては全く産まなくなった。

　1935年7月6日はチベット暦の亥年5月5日に当たる。この日の明け方、婦人は家畜小屋で小さな男の子を産んだ。男の子は目を開いて生まれてきた。奇妙な赤ん坊だった。耳は大きく、眉はつりあがり、脚には虎のような縞があった。この子はほとんど泣かず、少し悲しげな、しかし明晰な深い視線を初めて見る世界に向けていた。妻がこの第5子を産み落とした瞬間、夫は奇跡的に回復して起き上がった。9か月間にわたって自分を苦しめた病気が何だったのか、自分でもわからなかった。「よし、この子は坊さんにしよう」と夫は言った。

第3隊の40人を率いるのは、セラ僧院の僧院長ケウツァン・リンポチェだった。一行は、馬に乗って1,500キロの旅をした後、アムドに到着した。アムドはチベットの北東に位置し、世俗的には中国の統治下に置かれている。一行は捜索活動の拠点をクンブンに置くことに決めた。そこに黄金と翡翠の屋根に覆われた僧院があることに一行はすぐ気づいた。聖湖ラモイ・ラツォに現れたあの僧院だ。クンブンの僧院長は、この地方に優れた資質の小さい男の子が3～4人いることを一行に告げた。

　目を開けて生まれてきた赤子、ラモ・ドンドゥプはすでに2歳になっていた。母は時折、私は何て変わった子を産んだことだろう、と思った。畑仕事をしている間、母は息子を籐の籠に寝かせ、傘をさしかけて日の光を遮った。そうすれば寝入ってくれるだろうと思ったのだが、この子は眠らなかった。信じがたい集中力で周囲を眺め、動物や物に並々ならぬ興味を示している様子だった。特に関心の対象となったのは鳥とヤクだった。この子が生まれて3日後、2羽のカラスが飛んできて家の樋嘴に止まった。2羽はしばらくそこにとどまって何やら話をするようにカーカーと鳴いた後、飛び去った。2羽は翌日もやって来て、以後毎朝同じことを繰り返した。この地方にカラスはいなかったので母は少し驚いたが、特に気にとめなかった。チベットは神秘の国だ。子どもは口がきけるようになると途方もないおとぎ話を創作した。自分は天からやって来た、ラサに部屋が千もある黄金の宮殿を持っている、といった調子だ。母には、この子は少し頭がおかしい、と思えた。

　1937年12月、ケウツァン・リンポチェと政府代表は2人の召使を伴ってカルマ・シャツォンの僧院に落ち着いた。ダライ・ラマ13世が中国とモンゴルで5年半の亡命生活を送った後、1909年の帰国途次に宿泊した僧院である。ここを発つ時、13世は長靴を置いていった。いつの日か戻ってくるつもりであるかのように。帰国の道中、13世はタクツェルの小村に足を止め、きれいだ、と言ってトルコ石色の瓦屋根の農家を長い間見つめていた。農家の屋根には奇妙な樋嘴があった。

　タクツェルに着くと、ケウツァン・リンポチェは聖湖でレティン・リンポチェの幻影に現れた農家を見つけた。そして、直ちに三つのチベット文字が何を意味するかを悟った。アはアムドを、カはクンブンの僧院を、カとマはカルマ・シャツォンを指しているのだ。憶測を呼ばぬため、ケウツァン・リンポチェは召使に身をやつし、主人と入れ替わって緞子の外套を着た召使は王侯貴族のように迎えられた。ケウツァン・リンポチェが台所に通されると、小さな男の子が茶と白の混じった犬と遊んでいた。男の子はケウツァン・リンポチェの膝に飛び乗り、リンポチェが手にしていた数珠を引っ張った。
　――この数珠は僕のだよ、ちょうだい！　と子どもは言った。
　――私が誰だか言い当てたら、あげよう。
　――セラアガ（セラの僧院長）。

　驚くべきことに、わずか2歳のこの子は言葉を話すだけでなく、ラサの方言を完全に使いこなした。アムド地方の奥に位置するこの一帯にはラサの方言を話す者は一人もいない。翌日、一行がそっと家を出ようとすると、ラモ・ドンドゥプは寝台から跳ね起きた。
　――僕も連れていって！　一緒に行きたい、と子どもは言った。

　ケウツァン・リンポチェはしばらくして戻ってくると、数珠、杖、太鼓、眼鏡、シャープペンシル、鉢をそれぞれ二つ子どもに示した。それぞれのうちひとつはダライ・ラマ13世の持ち物だった。ケウツァン・リンポチェは全く同じ外観のレプリカを作らせておいたのだ。ただし、杖だけは2本とも13世のものだった。ラモ・ドンドゥプはいずれも本物の方を選んだが、杖の選択には迷った。片方を取り上げて注意深く眺めていたが、考えを変え、もう一方を得意そうに突いてみせた。その時、ケウツァン・リンポチェは思い出した。ダライ・ラマ13世は、最初の方の杖をしばらく使った後、友人に譲ったのだった。偽物の太鼓だけは完全なレプリカではなかった。華やかな彩色が施され、子どもの気を引くようにできていた。しかしラモ・ドンドゥプは地味な方を手に取り、非常に高位のラマ（師僧）だけが知っているタントラの儀式に則って鳴らした。脚の縞や手の貝形の印など、体に表れた八つの特徴が決定的な証拠だった。タクツェルの村のこの小さ

ダライ・ラマ14世の母
14世の即位後、ポタラ宮で

な男の子こそ、無限の憐れみの仏陀、アヴァロキテシュヴァラ（観世音菩薩）の転生（てんしょう）だ。

　用心のため、代表団は数人の子どもを候補に挙げた。転生者の決定はすでになされていたが、馬歩青がこの機に乗じてチベットに対してある種の権限を主張してくることを恐れ、どの子どもを選んだかを秘密にしていたのだ。馬歩青はアムド地方の軍閥であり、支配者でもある。馬は候補に挙がった

子どもを呼び寄せ、自ら試験を行った結果、ラモ・ドンドゥプがダライ・ラマ14世であると判断した。しかし、馬はこの子がラサに発つことを認めるかわりに多額の金銭を要求するつもりだった。交渉の落としどころを探るため、馬はラモ・ドンドゥプをクンドゥンの僧院に送って時間を稼いだ。ラモ・ドンドゥプの2人の兄がすでにこの僧院で学んでいた。

僧院の生活は少々退屈だ。ラモ・ドンドゥプはたびたび悪戯をしては、同僧院の高僧であった伯父から往復ビンタをくらった。伯父は短気な大男で、ヤクのバターで撫でつけた顎鬚がラモ・ドンドゥプには恐ろしかった。しかし、この怒りっぽい伯父も、畏れ多くも仏陀の転生であろう人間に手を上げてしまったことに気づくと、ラモ・ドンドゥプにやたらと飴を与えた。

テンジン・ギャツォは今、子どもの頃に前世を覚えていたことを忘れている。記憶は徐々に薄れた。「瞑想の力によってひと呼吸ひと呼吸、人生の糸を遡ってゆかない限り、自分が観音菩薩の転生だとかそうでないとかは断言できません。我々の考え方によれば転生には四つの類型があります。第一の類型は自ら決めることができない転生であり、これが最も

高僧を前に教義問答を行うダライ・ラマ
セラ僧院で

一般的です。この場合、人間はひとえに自分のカルマ、すなわち過去の行いに応じて転生します。これに対し、正覚した仏陀の転生というものがあります。仏陀は他者を助けることを唯一の目的として肉体をとるのです。この場合に限り、その人が仏陀であることは明確です。第三の類型は、前世における精神的な達成のおかげで、どこでどのように転生するかを選べる、あるいは少なくともそれに影響を及ぼすことができる人です。第四の転生は、衆生救済の顕現として。この場合、転生者はある種の影響力、あるいは力の伝承とでも言いましょうか、その力によって自分の通常の能力を超越し、有益な働きをすることができるのです。例えば、布教するこ

ととなどです。これらの類型のうち、私にどれが該当するかは断定できません。可能性の高いものと低いものがありますが」

1939年6月、代表団はようやく馬歩青に金を支払うことができた。ラサへの旅は3か月と13日続いた。ラモ・ドンドゥプの両親は、息子が重要な転生者に違いないとは思っていたが、ダライ・ラマだとは夢にも思わなかった。10月6日、両親は息子がダライ・ラマであることを知った。この日、聖都ラサの手前3キロに広大な野外礼拝所が設けられ、絹の天蓋を戴く玉座に坐った息子は眼前にひれ伏す7万人の信徒を黄色い玉房で祝福した。それから間もなく、ラモ・ドンドゥプはポタラ宮に連れていかれ、ダライ・ラマ13世が居住していた一画に入った。ラモ・ドンドゥプはひとつの箱を指差して言った。「この中に僕の歯が入っているよ」。箱を開けてみると、中にはダライ・ラマ13世の義歯が収められていた。

この頃、ラモ・ドンドゥプの母は、タクツェルの家に毎朝カラスが2羽やって来て屋根に止まったことを思い出した。ラマたちによれば、ダライ・ラマ1世、7世、8世、12世が生まれたときも同じことが起こったという。宇宙的な時間と超験的な智慧の象徴であるマハーカラ神は、しばしば単なるカラスの姿で描かれる。マハーカラは今もダライ・ラマゆかりの神々のひとつだが、ダライ・ラマ14世はあまりカラスが好きではない。カラスは小鳥に対してあまりに酷いと思う。

即位式はポタラ宮中央寺院の黄金の屋根の下で行われた。ラモ・ドンドゥプはまだ5歳になっていなかった。しかし、平伏するラマや大臣を見つめる落ち着いた視線や、幾千年にわたって伝えられてきた儀式の所作を習わずして遂行する確信に満ちた態度は、彼がこの世の奥義を極めた存在であることを物語っていた。ラモ・ドンドゥプはダライ・ラマ14世テンジン・ギャツォとなり、誰もその目を直視することを許されない神王となった。ダライ・ラマ14世には幾つもの尊称が与えられたが、いずれ劣らず詩的なものばかりだ。智慧の海、白蓮の殿、すべての祈りを叶える宝石、勝利の尊者、比類なき主。しかし、チベットの人々はダライ・ラマをただクンドゥン（御前様）と呼ぶ。クンドゥンの語義は「存在」だ。

クンドゥンは今や、この寒々とした不気味な宮殿の中で自分より12倍も年上の僧侶たちに囲まれて暮らすことになった。両親は貴族に叙せられたが、一緒に暮らしてはいない。会えるのは4週間から6週間に一度だ。2人のヨンジン（後見人）がクンドゥンの教育に当たった。ヨンジンは卓越したリンポチェ（転生したラマ）であり、大変な高齢で、互いに何世紀にもわたる知己だ。彼らの間には3世の縁がある。前世で3人の幼いダライ・ラマを共に教育したのだ。

クンドゥンは、読むことと、4種類のチベット文字を書くことを習い、聖典を暗記しなければならなかった。彼は少々

怠け者だったので、暗誦の時間になるとあの手この手で逃げ出した。厳しいヨンジンは後を追って迷路のような廊下を駆け回らなければならなかった。ポタラ宮の廊下は中近東の市場より複雑だ。「そんな調子だったのですが、ヨンジンは私の頭脳がよく機能し、覚えが速いと言っていました」とクンドゥンは回想する。実際、ヨンジンはクンドゥンの知力と進歩の速さに驚いていた。7歳の時、クンドゥンは2万人の僧侶の読経を先導し、緊張のあまり失神しそうになったことがあるが、ヨンジンはそんなことは知らない。

1年のうち冬季の1か月間、クンドゥンはヨンジンとともに外の世界との接触を絶って瞑想した。そこは、4世紀にわたるバターランプの煙で黒くすすけた、古い台所のような陰気な部屋だった。朝はまだよかった。北向きの窓が多少の暖気と光を運び入れた。しかし夕暮れになると、西の丘が壁に影を落として妖怪のような姿を浮かび上がらせ、部屋は魑魅魍魎が徘徊する黄泉の洞窟になった。

クンドゥンにはポタラ宮の清掃係の僧以外に遊び相手がなかった。屋根に登ることが夢だった。牧草地から戻ってくる村人や、凍った湖の上を「包丁に乗って」滑るスケーターや、同じ年頃の子どもたちを見たかったのだ。クンドゥンはそういう子どもたちの笑い声しか聞いたことがなかった。

文法やサンスクリット語や詩に続いて、12歳の時に弁論術や基礎的な仏教理論の学習が始まった。プラジュナパラミタ（般若波羅蜜＝智慧の完成）のように難解な仏典を暗記し、学識の高い僧とそれについて議論しなければならなかった。

13歳からは形而上学と哲学を学んだ。当初は何も理解できず、退屈以外の何物でもないとさえ感じた。開いた本の前にただぼんやりと坐り、とうてい理解できるはずがないと思ったが、徐々に関心が芽生え、やがて夢中になり、知識は与えられた教材を超えるようになった。といっても、チベットの仏教学習は世界で最も晦渋であるといわれている。何よりも、仏教の基本教義である大経典カンジュー180巻とタンジュー250編を深く読み込まなければならない。

14歳で正式にセラ僧院とデプン僧院に迎え入れられた。いずれもひとつの都市のように巨大な僧院であり、僧侶は1万人を数える。ここでクンドゥンは、国内で最も学識の高いラマを相手に教義問答を行った。オーストリアの登山家ハインリヒ・ハラーがこの問答に立ち会っている。ハラーは、当時ラサに住む事実上ただ一人の西洋人だった。ハラーは著書『セブン・イヤーズ・イン・チベット：チベットの七年』の中で次のように書いている。「私の目の前にいる少年はただ者ではない。聞くところによると、彼は一度本を読めば内容を空で覚えてしまうという。国家の問題にも強い関心を抱いているらしい。この年齢でこれだけ自己規制できる子どもは見たことがない。神性さえ感じるほどだ」

クンドゥンは、両親と暮らしている兄ロブサン・サムテン、姉妹、そして一家の3番目の転生者である幼いンガリ・リンポチェにラサの噂話を教えてほしいと頼んだ。ロブサンは贅沢品が何でも手に入る市場の話をした。アイルランドのウイスキー、アメリカのコーンビーフ、パリの美容クリーム。都会では買えないものはない。外国に注文することもできる。またロブサンは、髪に真珠や珊瑚やトルコ石を飾り立てた婦人や、麻雀に打ち興じる老人、若者が興じるテニスなどという目まぐるしいゲームのことも話した。

ロブサン・サムテンはクンドゥンにハインリヒ・ハラーを紹介した。クンドゥンはハラーの勧めに従ってポタラ宮に映写室を作った。

ハラーに初めて会ったとき、クンドゥンは言った。「うわあ、ハインリヒ！ あなたは猿のように毛深い」。ハラーはクンドゥンの世俗的学問の教師となった。

クンドゥンは西洋のことは何も知らなかった。英語、国際政治、原子物理学、ジェット飛行機、アンリ4世、教会、アイゼンハワーなど、すべてについて知りたがった。子ども用メカノ〔訳注：商標名。金属部品からなる組み立て玩具〕を手始めとして機械に親しみ、ノルブリンカ宮の発電機を分解して磁場の働きを知った。ノルブリンカ宮はクンドゥンが毎年春に転居する夏の宮殿だ。クンドゥンはダライ・ラマ13世に献上された1927年型オースチンと1931年型ダッジを発進させることに成功し、猛スピードで宮殿の庭を走り回った。麝香鹿を飼いならし、孔雀を育てた。池の魚に餌をやり、池に落ちて2度ばかりヨンジンに衣の裾をつかまれて釣り上げられたが、5分後にはまた落ちてしまった。魚はクンドゥンの足音を聞くと水面から頭を出した。ダライ・ラマは今も、中国兵の靴音が最初に聞こえた時、魚たちはうっかりと水面から頭を出したのではないかと心配している。

ラサの囚人たち
ダライ・ラマ14世による1950年の解放以前

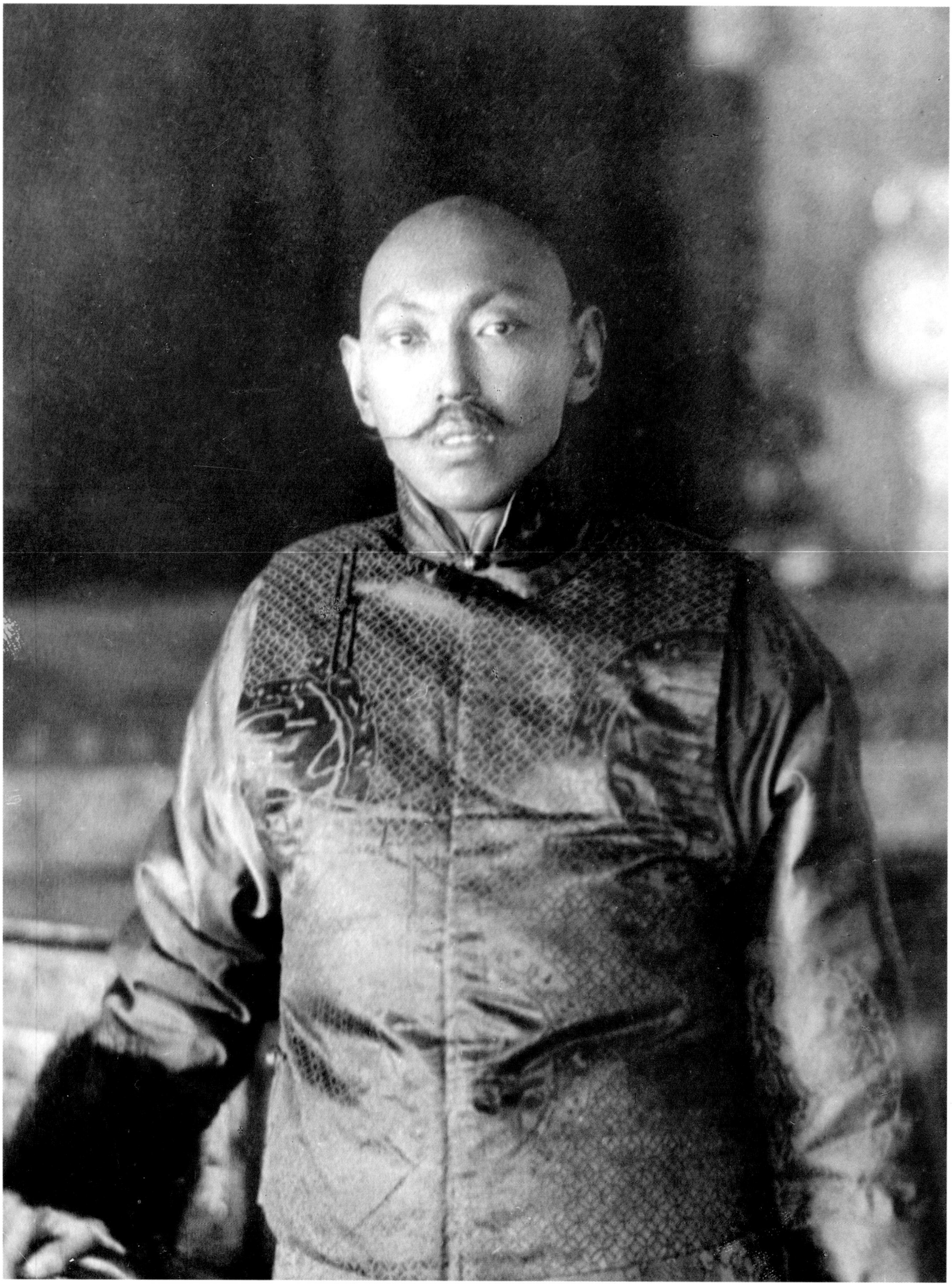

もちろん、私がダライ・ラマ13世を知っていたはずはありません。だが、ポタラ宮の清掃係の僧のおかげで13世についていろいろなことを学びました。何しろ私は清掃係と話をするのが好きでした。13世の御代にチベットが長期にわたって平和と繁栄を楽しんだことを理解したのは、そういうわけです。

上：2人の弟子に挟まれて儀式に臨むダライ・ラマ13世トゥプテン・ギャツォ
左頁：ダライ・ラマ13世

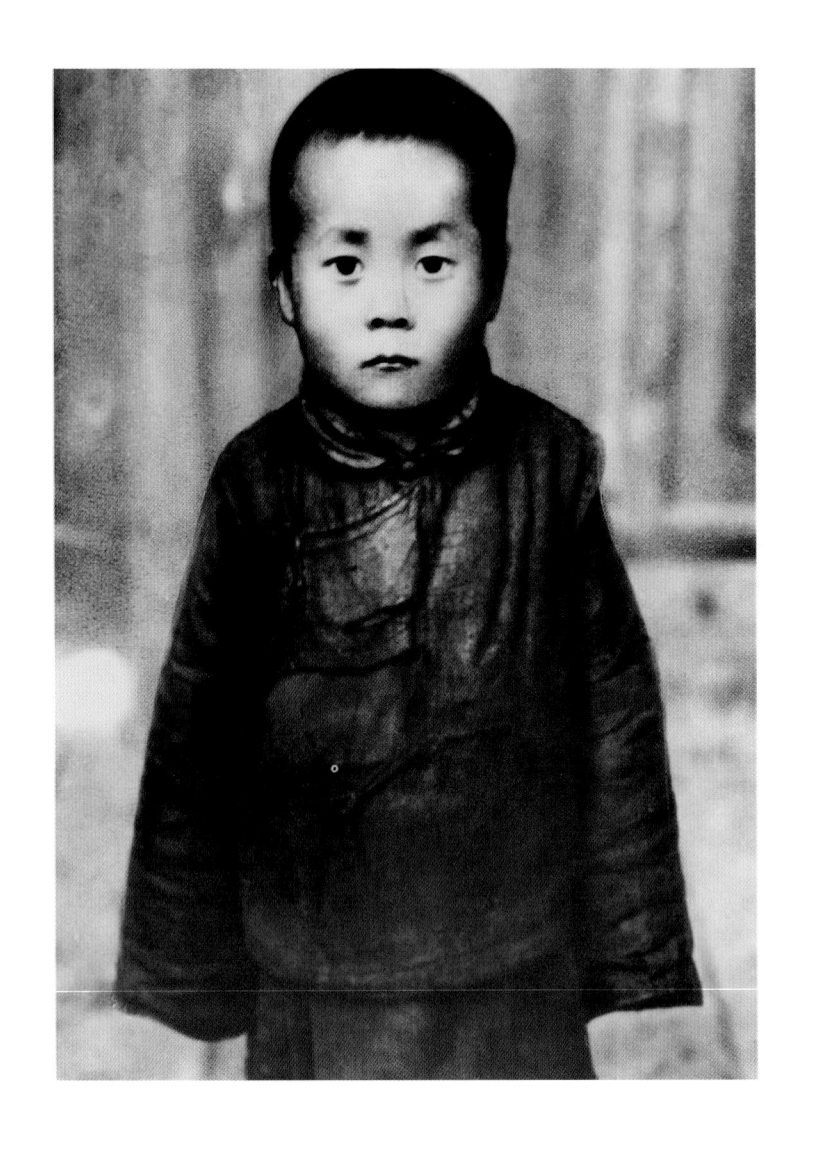

私は4歳で村を離れたので、その頃について本当の記憶はありません。家族が話してくれたことだけです。姉のツェリン・ドルマによれば、見知らぬ人が村を通りかかっても私は決して怖がらず、むしろ近づきになろうとしたそうです。

　私はいつも、慎ましい農家の出身であることを幸福だと思ってきました。金持ちや貴族の階級に生まれていたら、貧しい人々の感覚や感情を理解することはできなかったでしょう。自分自身の出が低いからこそ、貧しい人々を理解し、その魂を読むことができます。貧しい人々に深い憐れみを抱くのはそのためです。

上：クンブンの僧院（1955年）。チベットの東部にあり、ダライ・ラマの生誕地に最も近い僧院である。
右：ダライ・ラマ14世の両親（タクツェルの家の前で、1939年夏以前）
左頁：ダライ・ラマ14世となる前のテンジン・ギャツォ少年（1940年）

ダライ・ラマ13世の転生と認められた後、私はクンブンの僧院に連れてゆかれ、都に旅立つまで暫くそこに留め置かれました。これは私の子ども時代で最も孤独で、少し不幸な時期でした。私はしばしば衣類の包みをこしらえ、ラサへ出発する真似ごとをして遊んでいたそうです。

右：4歳のダライ・ラマ14世（アムドにて）
下：政府代表団に囲まれるダライ・ラマ14世（ラサ出発前、1939年）。転世ダライ・ラマ14世は御年まさに5歳、と数え年で記されている。
左頁：聖なる湖ラモイ・ラツォ。ダライ・ラマ14世を認定する使命を帯びたレティン・リンポチェは、ここで見た幻影に導かれてテンジン・ギャツォに行き着いた。

1939年の夏、我々は都に向けて出発しました。3か月と13日の長く困難な遍歴でした。旅の途中、我々に付いてくる群衆が次第に増えていったことを覚えています。輿に乗せられた4歳の私は、人々が歓喜の涙を流すのを見ていました。

夢を見ているようでした。広大な公園に見事な花の絨毯が敷きつめられ、そよ風に揺れていました。孔雀が私の目の前で踊っていました。野の花の忘れがたい芳香があたり一面に漂い、自由の歌声が空間を満たしていました。

左上および中：ダライ・ラマを都に運ぶ長い行列。ダライ・ラマはポーターが運ぶ椅子に坐り、孔雀の羽の日傘をさしかけられている。
左下：テント内に高く設えられたダライ・ラマの玉座（ドグタンで）
上：僧侶の腕に抱かれ、クンブンの僧院を出発するダライ・ラマ
左頁：若きダライ・ラマをクンブンからラサに運ぶキャラバンの出発

幼年時代に摂政を務めたレティン・リンポチェは、私の教育をも担当していました。彼はいつも蓄膿症に悩んでいました。そのことを別にすれば、知的で非常に心穏やかな人でした。人柄も善良で、最初は少し怖かったけれど、私はすぐ彼に深い愛情を感じるようになりました。

上：摂政タクダ・ンガワン・スンラブ・リンポチェ（1950年）
下：子ども時代のダライ・ラマ14世テンジン・ギャツォ
右頁：摂政レティン・リンポチェと飼い犬（住居の庭で）
次頁見開き：ポタラ宮（1950年以前）

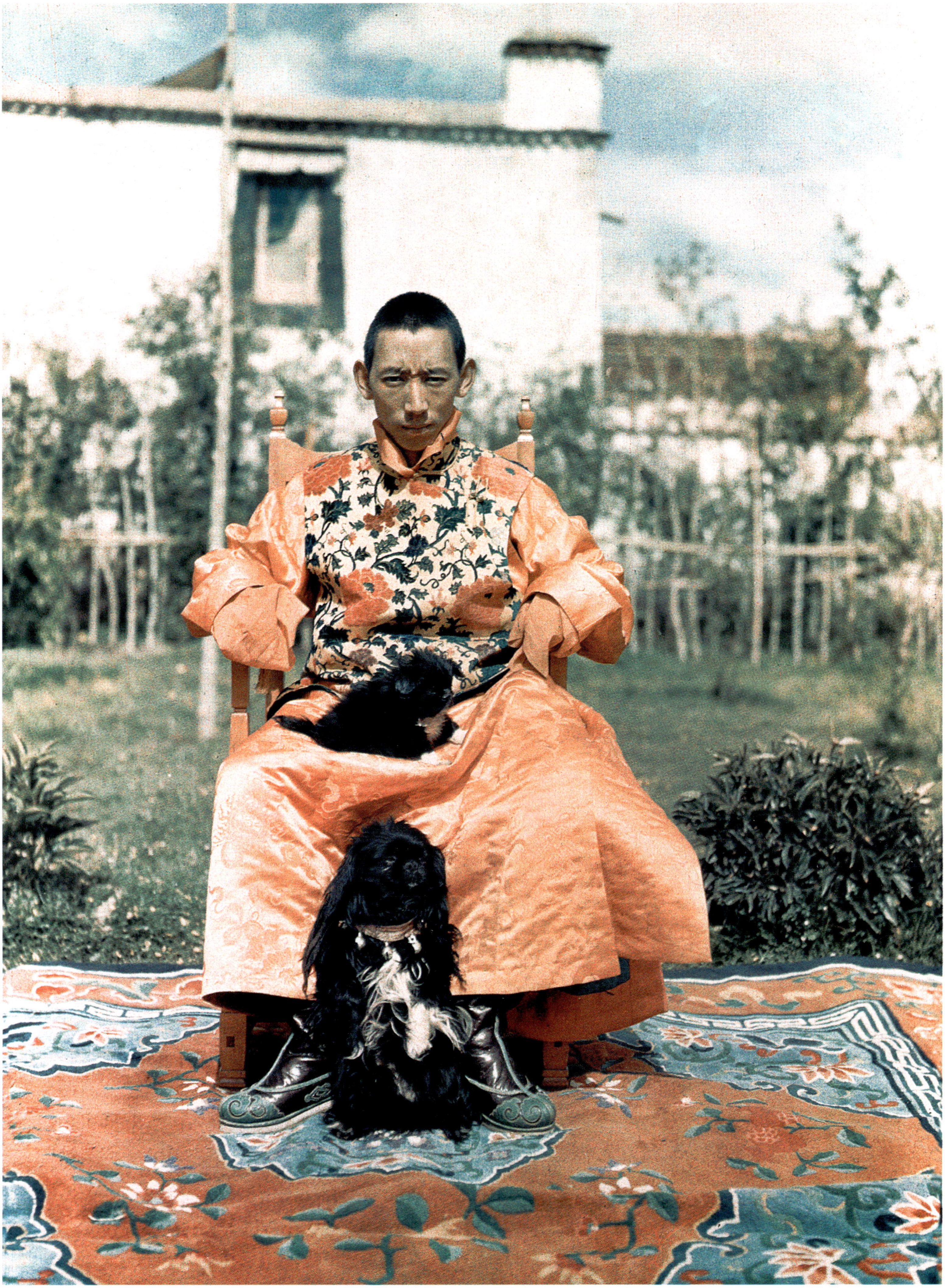

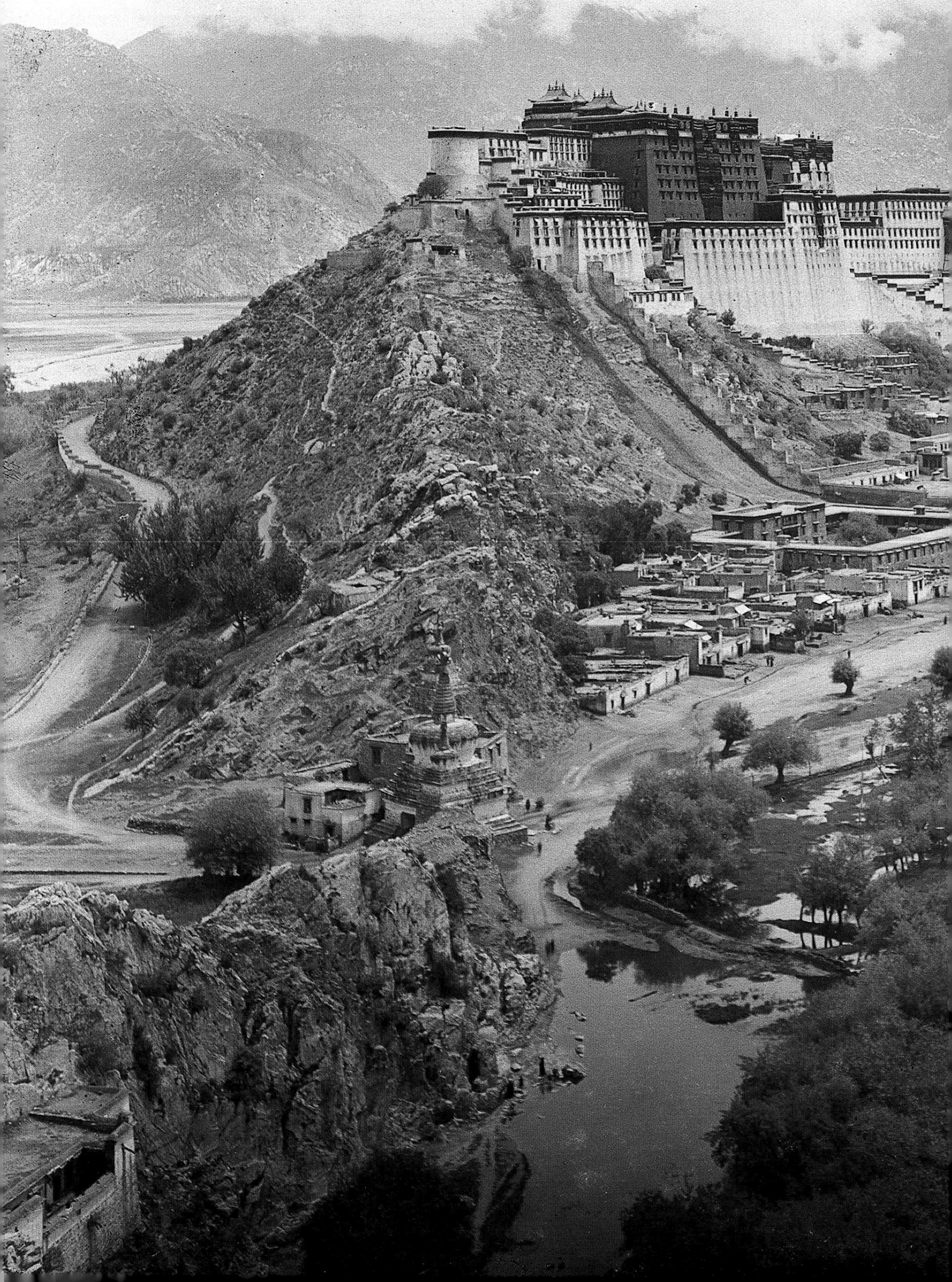

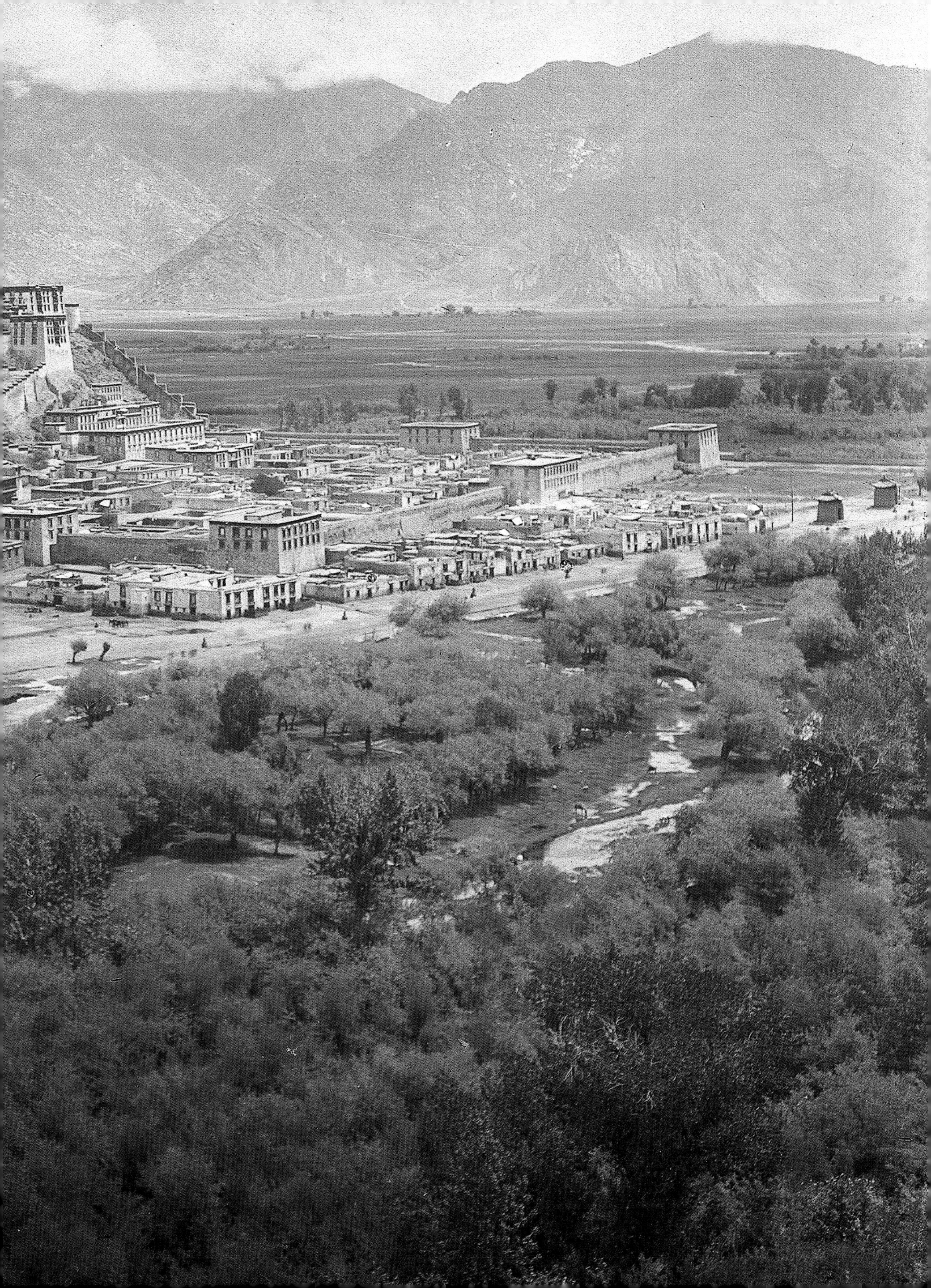

ハインリヒ・ハラーを私に紹介したのは兄のロブサン・サムテンでした。ハラーはすぐに私の世俗的学問の教授になりました。彼は私の英語の勉強を手伝ってくれたので、代わりに仏教について説明してあげました。私はハラーと一緒にダライ・ラマ13世の古い映写機を修理することに成功しました。ハラーは私にとってとても偉い人でした。私は彼を「黄色頭」と綽名(あだな)しました。

上：ハラー（左）とアウフシュナイター、チベット政府の大臣とともに
下：ダライ・ラマ一族（ラサで、1940年）。中央が両親と兄弟姉妹
右頁上：寝台に横になって執筆するダライ・ラマ
右頁下：豪華な装飾を施したダライ・ラマの瞑想室（ポタラ宮最上階）

ポタラ宮は世界で最も大きな建物のひとつであるといわれています。何年も暮らした後でも隅々まで知り尽くすことはできませんでした。

　私の居住区画は東の翼にあり、120メートルの高みから町を見下ろすことができました。部屋は全部で四つあり、私がよく使う部屋は少なくとも160平方メートルはありました。その部屋の壁はダライ・ラマ5世の生涯を描いた画で覆い尽くされていました。非常に細かく描かれた絵で、人物像は高さ3センチにも満たないくらいでした。読書に倦むと、私は自分を取り囲んでいるこの大きなフレスコ画を振り返り、そこに描かれている物語に思いを馳せるのでした。

チベットは世界で最も宗教心の厚い国であるといわれています。それが本当かどうかは私にはわかりませんが、ひとつだけ確かなことがあります。チベット人一人ひとりが精神生活を物質生活と同じように重視しているということです。

上：ギャンツェのクンブン仏塔
下：屋根の上で儀式のトランペットを吹くゲルク派の僧侶（クンデリン僧院）
右頁：シガツェ（チベット）のタシルンポ寺で執り行われている宗教儀式の全景（1950年頃）

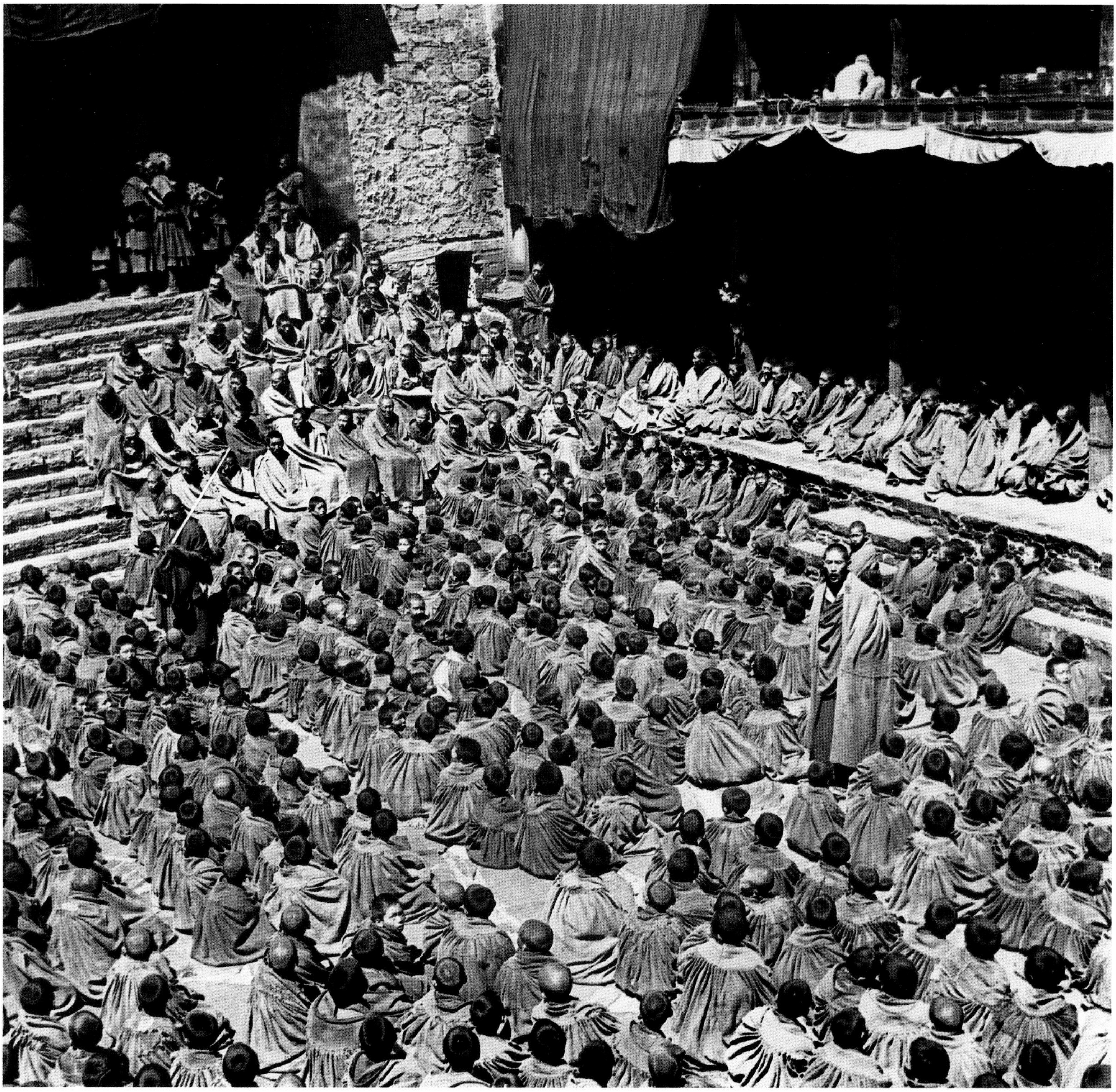

多くのチベット人にとって人生は労苦に満ちていましたが、彼らは欲望に支配されていませんでした。多分、山の上で単純な貧しい生活を送っていると、世界の大多数の都市で暮らす人たちよりも穏やかな精神が保たれるのでしょう。欲望は不満足を生みます。幸福は安らかな精神から湧き出てくるものです。

上：ラサの露店（1950年以前）
中：伝統的な医者（デキリンカの病院、1950年以前）
下：ラサの小学校（1950年以前）
右頁：伝統的な髪型の婦人。2本の編み髪が弓で繋がっている（1950年以前）

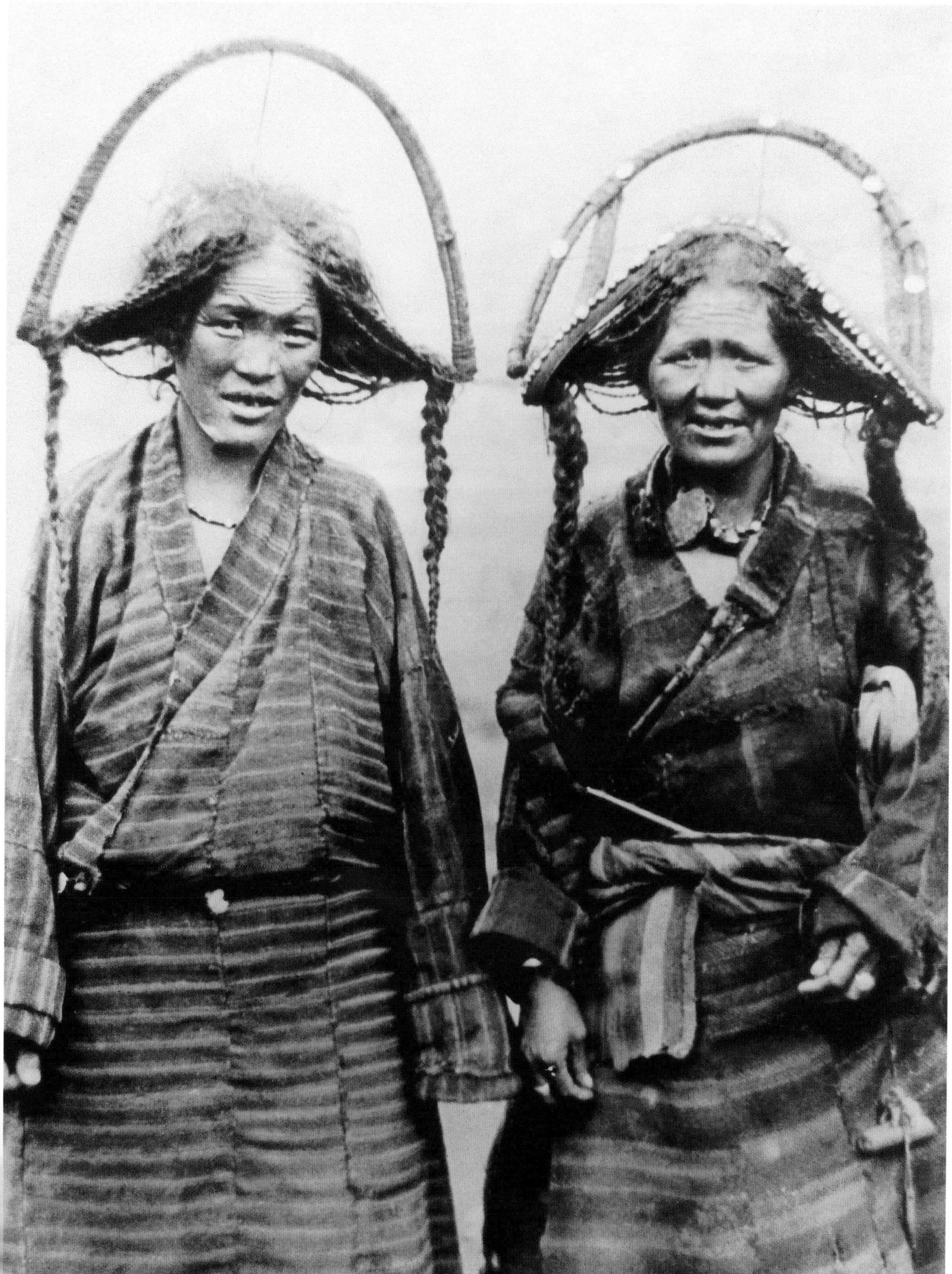

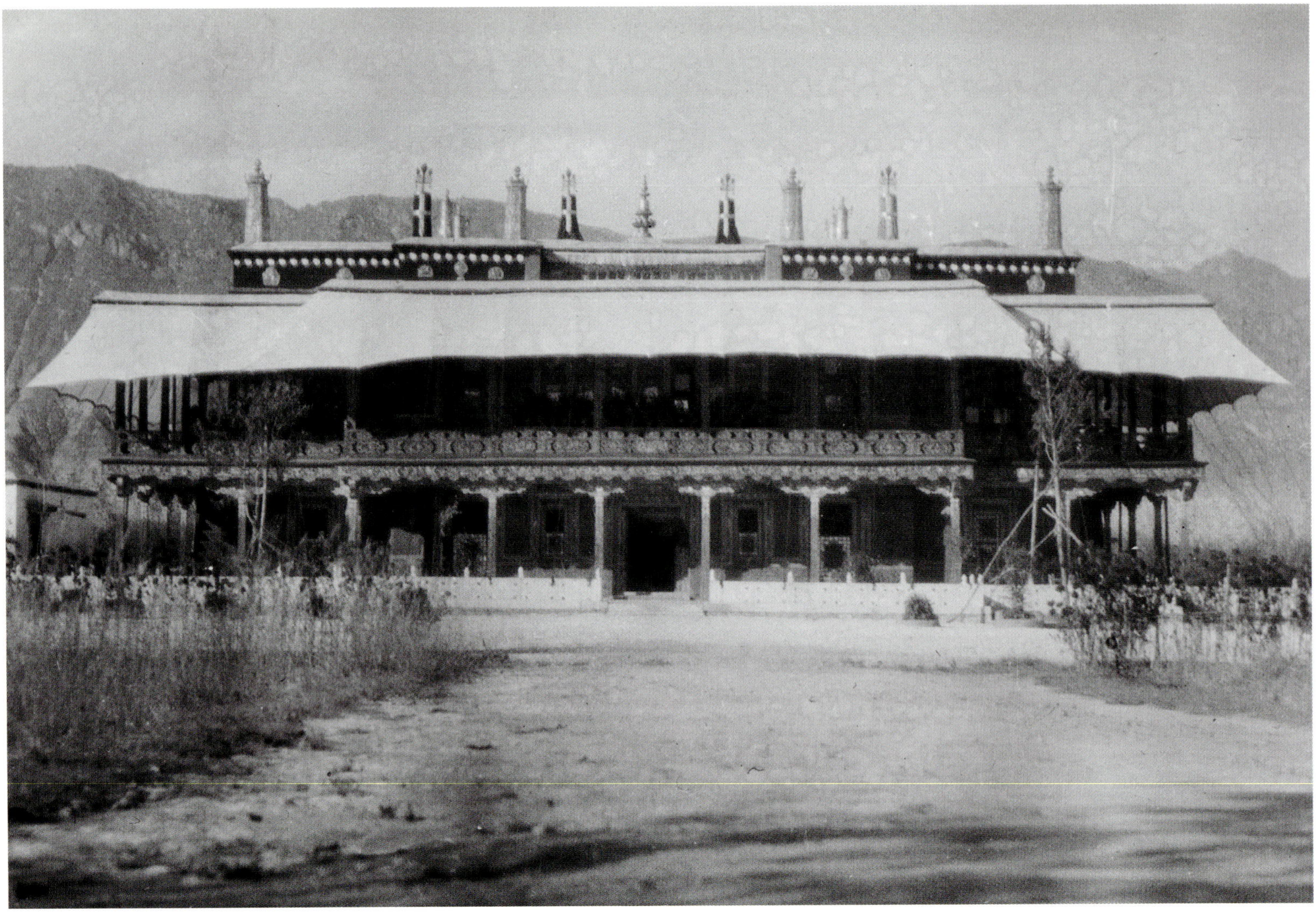

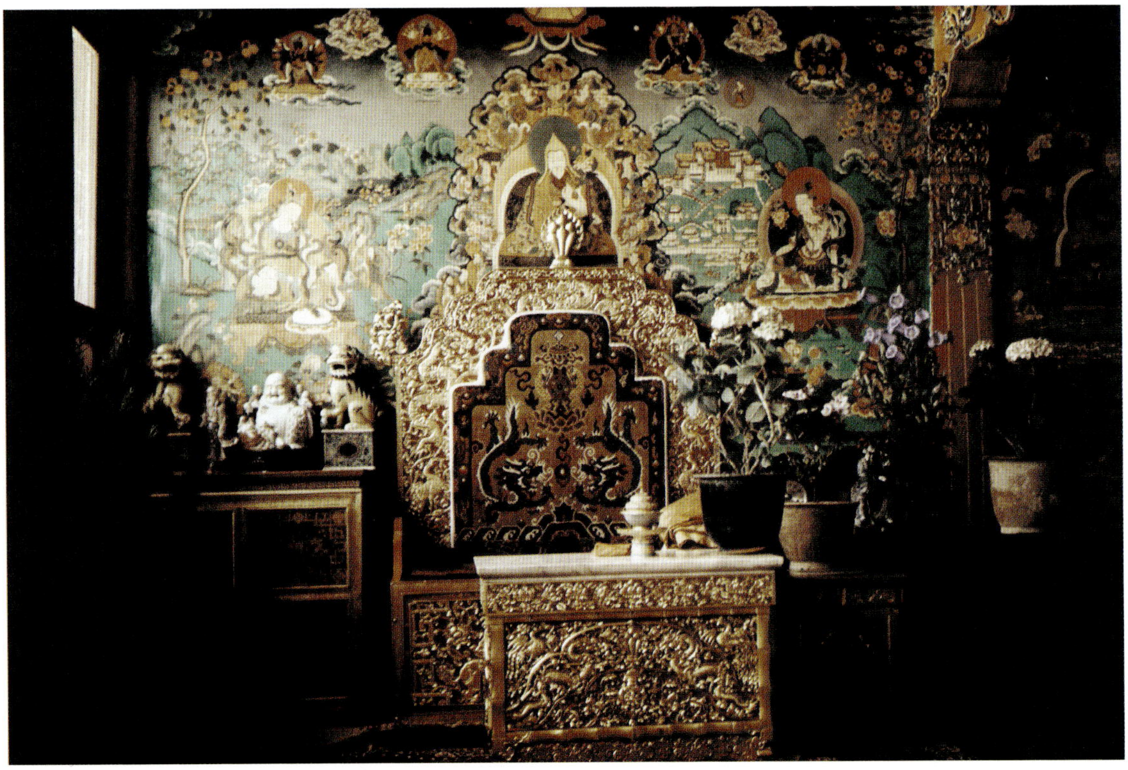

毎年春の初め、私は先生や補佐官や一部の官僚とともにポタラ宮を離れ、ノルブリンカ宮に移りました。ラサの住人が総出で行列を見守ったものです。ノルブリンカ（宝石の園）はダライ・ラマの夏の宮殿であり、私は毎年6か月間をそこで過ごしました。宮殿といっても、実際には広大な敷地に建てられた小宮殿や堂の集合体であり、周囲には素晴らしい庭園がありました。ここでは勉強の合間に駆け回ったり、花や木の間ではしゃいだりすることができました。孔雀や飼い慣らされた麝香鹿(じゃこうじか)もいました。私はいつもノルブリンカが自分の本当の家だと思っていました。

上：ノルブリンカ宮の庭に坐るダライ・ラマ
下：緞子の服を纏ったダライ・ラマの母デキ・ツェリンと娘
左頁上：ノルブリンカ宮（1950年以前）
左頁下：ノルブリンカ宮内の部屋

何世紀も続いた伝統に従い、ダライ・ラマとその政府は、新年の祝いやその他のさまざまな折にネチュンの託宣を受けなければなりません。私は年に何度も託宣を受けます。これは西洋人の目には非合理的に映るでしょうし、チベット人の中にさえ託宣は時代遅れであると考え、私がいまだにこれに従っていることを非難する人がいます。私にとって、ネチュンは常に良い助言者でした。だからといって託宣だけに頼っているわけではありません。ネチュンの見解を求めると同時に、大臣の意見を聞いたり、自分自身の良心に問いかけたりします。そして、どの国の政府の長も必ずそうするように、国事にかかわる重要な決定を下す前にあらゆる意見を聞きます。

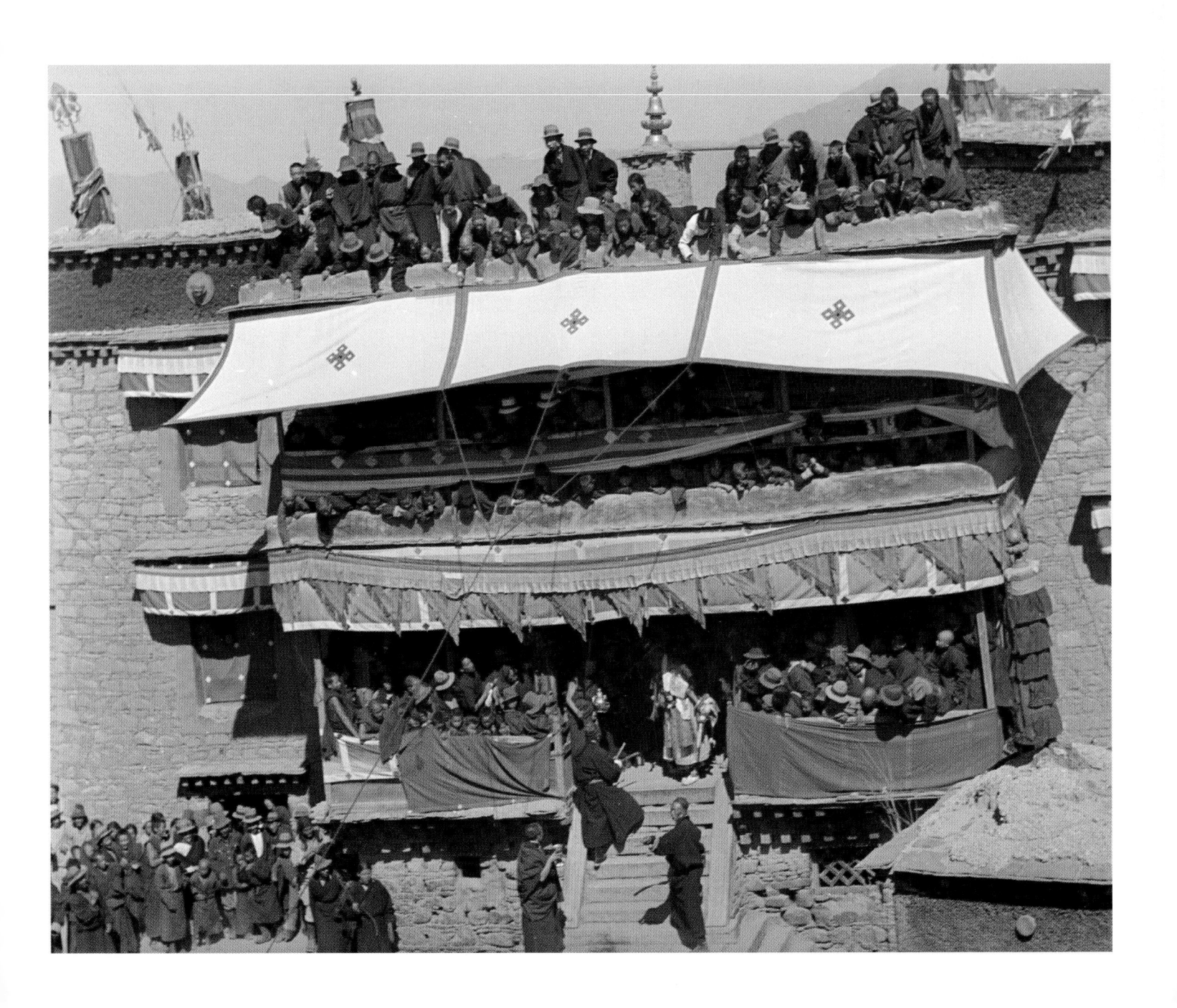

上：トランス状態に入ったネチュンの神託官
右上：祭服を纏い、儀式用の短剣を持ったダルポリンの神託官
右下：ポタラ宮の庭でトルマ（悪霊を象徴する像）を掲げる僧侶。トルマは悪魔払いのため燃やされる。
左頁：祭服を纏って寺院の階段を下りるダルポリンの神託官（チベット暦5月15日に行われる世界平和の祭りで）

我々は軍隊を持っていましたが、とても小規模なものでした。チベット語には軍隊用語がなかったので、1949年まで命令は英語で下されていました。
　武器の力を信じ、人の命を玩具にする野蛮な行為は、人の心を屈服させることもできなければ、人間同士の理解や調和を生み出すこともできません。

上：チベット軍の指揮官（1940年以前）
左頁上：ポタラ宮の門を守る兵士（1950年10月30日）。これから間もなくダライ・ラマはラサを離れた。
左頁下：チベット兵（1940年代末）

2. 中国の侵攻からインド亡命まで

　聖都ラサは星に手が届くかと思われるほど天に近い。この別天地の主たる活動は祈りだ。1949年、ラサは夏空の下で幸福な日々を送っていた。ある澄みきった晴天の朝、どこから湧いてきたものか中央寺院の樋嘴から突如として雨水が流れ出した。人が近づける場所ではない。翌日、チベットの中国征服を記念する堅固な石柱がどうしたことか粉々に砕け落ちた。その前夜には箒星が国の上空を横切っていた。1910年に中国が侵攻してきた時も、このような星が流れた。戦争に違いない、とチベットの人々は口々に言った。

　混沌とした歴史の中で、チベットは自らの意思によって孤高を保ちつつ、強大な隣人中国とは相互に敬意を払い合う関係を維持してきた。このため、1911年の辛亥革命以来自国に迫りつつある脅威には気づいていなかった。ダライ・ラマはいまだ政権担当の法定年齢とされる18歳に達していなかったため、その間隙を縫って対立する氏族が権力闘争をくりひろげ、クーデターまがいの政変を起こしたレティン・リンポチェが投獄されるという事件が起こった。摂政を務めたこの人物は獄中で不可解な死を遂げた。臀部に奇妙な七つの青あざを残して。チベット政府は文字通り大混乱に陥った。しかも、こうした内政の混迷に乗じ、中国国民党の命を受けた一党がチベット政府転覆を画策していた。一党の策動は最終的にチベットから追放されるまで15年間続いた。

　中華人民共和国の樹立から3か月後、北京政府は、台湾、海南島、および「外国の帝国主義者の手に陥ちた」チベットを解放する旨を宣言した。ラサは、米国、英国、ネパール、そして正式な外交関係を結んでいた唯一の国であるインドに救いを求めた。いずれの国も支援を拒んだ。
　1950年8月15日の朝、ダライ・ラマはいつものように母親が用意したヨーグルトとパンを食べていた。その時、チャムドを大地震が襲った。ほとんど砂漠といっていいアムド地区の、中国国境付近だ。40回にわたり上空に爆発音が響いた。空には血のような光が張り、強い硫黄の臭気が広がった。山や谷が丸ごと動き出して何百もの村をのみ込んだ。ツォンポ川（ブラフマプトラ川）は流れを変えた。これが何の前兆かは明らかだ。戦争である。中国人はすでにアムドを占領していた。風に目をふさがれ、雪に翻弄されながら、一歩一歩近づいてくる。人を寄せ付けないこの地、道もなく、山が行く手を遮るこの地の上を。この世のどんな軍隊もチベットを征服することはできないはずだった。チベットの人々は戦さに備えもせず穏やかに暮らしていた。そんな無警戒と中央政治の混乱に乗じて中国は侵入してきた。一方、チベットの軍隊はと言えば、英国の軍隊を手本に編成され、とてつもないアクセントで「ゴッド・セイブ・ザ・クイーン」や「遥かなるチッペラニー」を歌いはするものの、将兵の総数はわずか8,500、武器は銃口から弾を込める旧式な銃のほか、迫撃砲250門、機関銃250丁だけ。村落は次々と陥ち、中華人民共和国は10月25日、チベットを「帝国主義の圧迫から解放するために」中国軍がチベットに入ったことを初めて公に宣言した。

　インドは独立したばかりだった。朝鮮戦争に気を取られていたネルーは鷹揚な抗議を行うにとどまった。北京政府は「チベットの件は純粋な内政問題であり、外国の干渉は一切

ラサに到着した中国代表団（1956年4月12日）

認めない」と直ちに撥ねつけた。これ以降、中国は一貫して同じ言辞を繰り返している。対応を求められた国連もチベット問題を取り上げることを拒んだ。チベットの国としての実態はあまりにも複雑で捉えどころがなかったのだ。アジア大陸における「勢力地図」の画定に注力していたロシア（ソ連）と英国は1917年、チベットに対する中国の宗主権を認める条約に署名していた。ダライ・ラマは言う。「宗主権とは旧弊で曖昧な言葉です。多分、これは歴代ダライ・ラマと清朝皇帝の間の精神的な相互関係を意味する西洋の言葉として使われているのでしょう。しかし全く当を得ていません」

　1951年4月23日、交渉の余地を求めて北京に赴いたチベット政府代表団は、17項目の合意文書への署名を強いられた。チベットが中国の一部であることを認める内容だった。中国の伝統によれば、公文書は国璽によって公式に認められない限り無効だったが、チベット代表団が帰途につくや否や、捏造されたチベットの国璽で合意文書が公式化された。
　やがて北京から使者がやってきた。狡猾な占領が始まった。中国の兵士は高地の薄い空気に耐えるため酸素マスクをつけ、地方の指導者たちには金の詰まった封筒を、村人には菓子の入った籠を配った。スピーカーが設置されてゆき、国中にスローガンが流されるようになった。祈祷やマントラの柔らか

い声音に慣れているチベットの人々には全く何も理解できなかった。

　神託官が呼ばれ、臨時の託宣が求められた。トランスは短くも激しかった。ネチュンは、赤い目の髑髏モチーフを飾った儀式用の帽子を被っている。やがて竜のような息を吐きはじめ、ダライ・ラマに近づいて言った。「彼を王にせよ」。そして気を失った。
「私は抵抗しました。まだ15歳でしたし、政権は原則として18歳で付与されることになっていたからです。政治のことはほとんど知りませんでしたが、自分が無知であること、学ぶべきことがまだたくさんあるということだけはわかっていました」。ダライ・ラマはこう回想する。しかし1951年11月17日、ダライ・ラマはチベットの最高政治指導者となり、少年時代に別れを告げることになった。それから間もなく、ダライ・ラマの兄であり、クンブン僧院の僧院長でもあるタクツェル・リンポチェは中国軍の占領下にあったアムド地区の共産党政府に呼び出され、陰惨な取引を迫られた。ダライ・ラマを説得して人民解放軍の入城を認めさせることができれば、院長をチベットの最高指導者に任命する。ダライ・ラマが拒否した場合は暗殺せよ、というものだった。僧院長は取引に応じる素振りを見せ、ラサに急行して弟に危急を告げた。ラサではカシャックが若きダライ・ラマに、インド国境のドモ僧院に一時避難するよう勧めた。中国の使者がドロモ僧院のダライ・ラマに毛沢東の書簡をもたらした。チベットが中華人民共和国の一部となることを歓迎する、という内容だった。ダライ・ラマは語る。「この使者は対等な立場での会談を要求しました。だから我々は儀典に例外を設け、伝統的なチベットのクッションの代わりに、似たような椅子を二つ探し出してきました」

　1951年末、ラサはすでに2万人の兵士に占領されていた。それから2年後、中国はチベット占領政策に失敗したことに気づき、改革について交渉するためダライ・ラマを北京に招いた。ダライ・ラマは1954年11月、ラサを旅立ち、生まれて初めて汽車に乗った。毛沢東は、チベットに進歩をもたらすことは中国の義務であり、ラサに将官を送ったのは貴方の政府に対して権力を行使するためではさらさらない、と説明した。「私は微妙な立場にありました。そして、ある種の友好的な雰囲気を保ち続けない限り、わが国はますます苦しむことになると確信しました」とダライ・ラマは言う。
　ある朝、毛沢東がダライ・ラマを訪れた。立ち去る前に毛は言った。「仏陀は王子の身分に生まれたにもかかわらず、なかなか面白い宗教をこしらえた。すべての人間を平等に幸福にしようというわけだからね」。元旦に北京でチベット人が正月の儀式を行い、中国の指導者も招かれた。仏陀への供物として菓子のかけらを宙に投げるのがチベットの慣わしだ。毛は二かけらを手にとり、ひとつはチベットの儀礼に従って宙に投げ、ひとつは地面に捨てた。毛とダライ・ラマの最後の会見に際し、再び仏教が話題になった。毛は鼻を掻きながらダライ・ラマの言葉に長いこと耳を傾けていたが、やがてニンニクの臭いのするおくびをひとつして、柔らかい口調で囁いた。「貴方の言うことはわかる。しかしね、宗教は毒だよ。宗教は民族を弱体化し、進歩を止める」。ダライ・ラマはひどく当惑して目を伏せた。家長的な雰囲気を漂わせ、一国の統治術について助言を浴びせ掛けてくるこの男は、結局のところすべての宗教を永遠に葬り去り、チベットの伝統的な社会制度を根底から破壊するつもりであることを悟ったのだ。

　7か月に及んだ中国旅行の間、仕事熱心な通訳がダライ・ラマにぴったり付きまとい、陰険な喜びを露わにしながらダライ・ラマのすべての言葉を手帳に書きとめていた。ダライ・ラマは延々と続く晩餐会にたびたび招かれ、7時間に及ぶ周恩来の演説を聴きながら危うく居眠りしそうになった。ソ連のフルシチョフ、ブルガーニン、そしてインドのネルーといった指導者にも会った。ネルーは核心に触れる会話を避けるため幾重にも礼節を重ねた。ダライ・ラマは同じような景色の地方を訪れ、同じような目をした農民が同じ話し方、同じ考え方、同じ動き方をするのを見た。ダライ・ラマは19歳にして、政治制度の欺瞞、共産主義の不条理、一国の偏狭

中国代表団を迎えて言葉を述べるダライ・ラマ

な妄執を知った。「わが国が遅れていること、発展しなければならないことは事実でした。中国人は、チベットを発展させることこそチベットにやって来た目的だと主張していました。つまり議論の必要などなかったわけです。我々は同じ原則に立っていたのですから」

　基本的な改革にはダライ・ラマもごく若い頃からすでに取り組んでいた。旧弊な財政制度を改め、封建的特権を廃止して大土地所有権を国家の手に取り戻し、土地を農民に分け与

えていた。しかし、ここに至ってダライ・ラマには北京の真意がわかった。世界の屋根、アジアの頂上と呼ばれるこの国には人口のまばらな広大な領土があり、その下に鉱物資源が無尽蔵に眠っている。そして、ここはインドとソ連を攻撃するための絶好の基地となる。前任者であるダライ・ラマ13世も大規模な改革を行った。13世は死刑を廃止し、汚職と戦い、警察隊を組織し、ラサに最初の近代的設備、すなわち電気と電話を導入した。やがてチベットは中国とロシアと英国の覇権争いの舞台となり、13世は1904年と1912年の２度にわたって亡命を余儀なくされた。最初の亡命は英国の討伐を受けた時、２度目の亡命は中国軍の兵士2,000人が元旦の儀式のただ中に乱入してきた時だ。受け身の抵抗が始まり、人々は占領者に協力することを拒んだ。中国はダライ・ラマなきチベットを統治することは不可能であることを悟った。13世がウランバートルでモンゴルと条約を結んで戻ってくると、もはやチベットに漢族は一人もいなかった。逝去する１年前、13世は予言とも呼べる遺言書をしたためた。「この地、チベットでは宗教と政治が内と外から攻撃を受ける恐れがある。祖国を守らなければ、ダライ・ラマ、パンチェン・ラマ、父、母、息子は姿を消し、その名さえ忘れ去られるだろう。僧侶

ラサの壁に貼られた中国のプロパガンダ

と僧院は破壊され、国の権威は地に墜ち、官僚の土地と財産は奪われる。官僚は敵に仕えるか、あるいは物乞いのように国中をさまようことを余儀なくされる。すべての人間は大いなる試練と耐え難い恐怖にさらされ、昼と夜が果てしない苦しみの中で延々と続く」

1955年６月、ダライ・ラマ14世がラサに戻ってくると、そこには見覚えのない町があった。混雑した道では軍用トラックが猛スピードで行き交い、警官がコンクリートの台の上で交通整理にいそしんでいた。道、橋、銀行、映画館が建っていた。漢族入植者だけのための諸施設だ。「民主主義的改革」が強い抵抗に遭ったため、軍隊はチベット人から何千人もの子どもを取り上げて中国風の教育を施し、次の世代の地ならしをしようとしていた。東部ではカムの人々が抵抗し、中国の駐屯兵をサーベルと銃で多数殺害していた。

1956年、ダライ・ラマはシッキムの王子の招きを受けてインドに赴き、仏陀生誕2,500年を記念する行事に参加した。この機にダライ・ラマはデリーでネルーと会見した。ネルーはブーゲンビリアの花の下でダライ・ラマに茶を振る舞い、ダライ・ラマの言葉を静かに聴いた後で諭すように言った。誰もチベットの独立を承認していない以上何の支援もできない、と。周恩来は欧州に向かう途次、デリーでダライ・ラマと再会した。両者の間にやや緊張した会話が交わされたが、何の成果もなかった。ダライ・ラマがチベットに戻ってみると、事態は更に悪化していた。蜂起したカムの人々は、パラシュートの帆布で縫ったシャツを身につけ、御符を弾除けとして抵抗の口火を切った。この抵抗運動は人民解放軍の15万の兵士により事実上殲滅されていた。しかし、抵抗運動は各地に広がっていた。

チベット人に対する紛れもない虐殺行為、世界の屋根の組織的破壊が始まったのはこの時だ。町や寺院が爆撃され、僧侶は衆目の中で尼僧との性行為を強制され、子どもは親に向かって銃弾を放つことを強いられた。ある者は十字架にかけられ、四肢を引き裂かれ、生きたまま内臓を暴かれた。駆け回る馬に引きずられる者、牛馬のように鋤につながれる者、生きながら飛行機から突き落とされる者もいた。拷問者たちは嬉々として、苦しければ空中浮揚しろ、死にたくなければ奇跡を起こせ、と嘲った。

中国の本当の狙いはダライ・ラマを傀儡（かいらい）にし、**宗教を圧殺**することにあったが、チベット人の心情と真っ向から衝突することを避けるため、ダライ・ラマが学習を続けることを黙認した。

1959年、ダライ・ラマは最後の試験に合格した。まる一日、明け方から夜に至るまで、チベットで最も学識の高い80人の僧侶がダライ・ラマに仮借なく質問を浴びせ掛けた。２万人の僧侶が問答を見守ったが、ダライ・ラマの気力は一瞬たりとも挫けなかった。夕刻、僧侶の学習課程の最難関を突破したダライ・ラマは、ゲシェー・ハランパ（仏教学博士）となった。この時、ダライ・ラマは24歳だった。

その前夜、ダライ・ラマは奇妙な訪問を受けていた。２人の下級役人がやって来て観劇に誘ったのだ。劇はラサから３キロ離れた中国軍の駐屯地で上演されるので、警護をつけず極秘に一人で来てほしいということだった。ダライ・ラマは警戒して即答を避けた。ダライ・ラマのほんのちょっとした移動もチベットの人々にとっては重大な出来事であり、灯火管制でも敷かない限り自由に外出することはできない。中国側は、ダライ・ラマが通ることになる道を通行止めにするようチベットの警察に命じていた。しかし噂は漏れ伝わり、中国軍がダライ・ラマを連れ去るつもりだと確信したラサの住

人は、彼をノルブリンカ宮から出すまいと決心した。

　3月10日、3万の群集が夏の宮殿を取り囲み、ダライ・ラマは中国の招きに応じるつもりはないことを公にした。11日、群集はますます騒然としてきた。14日から15日にかけての夜間、山岳地帯砲と重機関銃が密かにラサに持ち込まれた。未明、予告もなく2発の砲弾がノルブリンカ宮に向けて放たれ、大小二つの池に落ちた。この不吉な警告を受けてダライ・ラマの心は決まった。「何もかもが不確実でした。しかし、チベットの人々が私を気遣い、中国人の破壊の饗宴が始まる前に脱出してほしいと考えていることだけは明らかでした。私がとどまっていることがチベットの人々をますます苦しめていました」

　3月17日の夕刻、ダライ・ラマの母と弟ンガリ・リンポチェはカムの戦士に身をやつした。ダライ・ラマは生まれて初めて僧衣を脱ぎ、兵士の衣服を身に着けた。そして、自らの守護神マハーカラを祭る堂に赴き、祈りを捧げ、供物として祭壇の上に長い絹のショール（カター）を置いた後、明かりを消して堂を出た。10時、ダライ・ラマは静まり返った宮殿を通り抜けた。頭の中は空っぽだった。聞こえるのは自分の足音と、柱時計のカッコーの鳴き声だけだった。眼鏡をはずし、毛皮の帽子を被れば誰もダライ・ラマであることに気づかない。ダライ・ラマは軽く身をかがめ、目を潤ませて宮殿の門を出た。「本当に危なかった。私たちは中国軍の仮兵舎のすぐそばを通ったのですから」

　カムの抵抗派リーダー、弱冠20歳のワンゲフン・ツェリンが配下の350名とともに逃避行を導いた。一行は中国軍の哨戒を避けて曲がりくねった道を取り、今にも沈みそうな小船に乗ってブラフマプトラ川を渡り、灰と溶岩の色をした砂漠を横切った。標高6,000メートルの山峡を越える時は、体を暖めるため馬を引いて歩いた。ダライ・ラマは脚に凍傷を負い、戦士たちの口髭は氷柱になった。ダライ・ラマは言う。「私はあくまでも平和主義者ですが、彼らの勇気には全く敬服しました。正直いって、暴力を完全に放棄しろと彼らに言うことはできませんでした。暴力を使うのは自衛のためだけにしなさいとしか言えませんでした」。一行は道中、ノルブリンカ宮が攻撃されたことを知った。ダライ・ラマがまだそこにいると信じての攻撃だ。ポタラ宮の一翼は破壊され、罪もない人々が路上で至近距離から撃たれて死んだ。1,000年の歴史を誇るラモチェ僧院は爆撃され、医学校は破壊し尽くされ、チベット政府は解散させられた。ラサの動乱による死者は3日間で1万人に上った。

　最大の試練は旅の終盤だった。雹が落ち、滝のような雨が降った。馬はぬかるみに脚を取られて転び、人は日光の反射に目を焼かれながら雪の中を行き悩んだ。ダライ・ラマは赤痢に罹り、仮設テントの中に坐ったまま何日も眠ることができなかった。やむなく、皆はダライ・ラマを汚い農場に運んだ。一行の出現に驚いた牛が土間でモーモーと鳴き、やたらと早起きの雄鶏が屋根裏で時を告げた。さすがのダライ・ラマもこれには参った。この果てしない逃避行の間、ダライ・ラマは、騎兵が馬の背に這い上がる様子をからかい、戦士に冗談を言った。仲間を絶望から救うことができるのは笑いだけだということを知っていたのだ。そして、笑顔のほかに彼

インドに逃れるダライ・ラマ

らに贈るものは何もなかった。

　3月31日、インドはアルナーチャル・プラデーシュ州の国境で、ダライ・ラマは英国風の軍靴を着けたグルカ兵に気をつけの姿勢で迎えられた。その後、更に18日間を費やしてアッサム州のジャングルを横切り、テズプルに到着した。そこに待っていたのは世界各国の報道陣と何千通もの電報だった。ネルーが署名した電報もあった。聖なる地へようこそ、と。

　ダライ・ラマは慎重だった。第三人称でコミュニケを起草し、チベットに生じた悲劇を憂慮し、流血の惨事が一日も早く終わることを願うと述べるにとどめた。

1950年10月、中国はわが国への侵入を開始しました。公式には「植民地化」が目的ではなく、わが国を反動勢力から平和的に解放するためであるとされていました。1951年1月に東部が侵略された後、私はラサを離れてドロモの僧院に移ることを決めました。

　寒い夜でした。澄んだ空に星が輝いていたことを覚えています。チベットでしか見られないあの輝きです。

左：ダライ・ラマ14世の最初の逃避行（1951年）、ポーターが担う輿に乗ってドモに向かう。
下：シッキムとの国境に近いドゥンカー僧院に到着するダライ・ラマ
右頁：ドゥンカー僧院で高官に囲まれて仏舎利を受けるダライ・ラマ

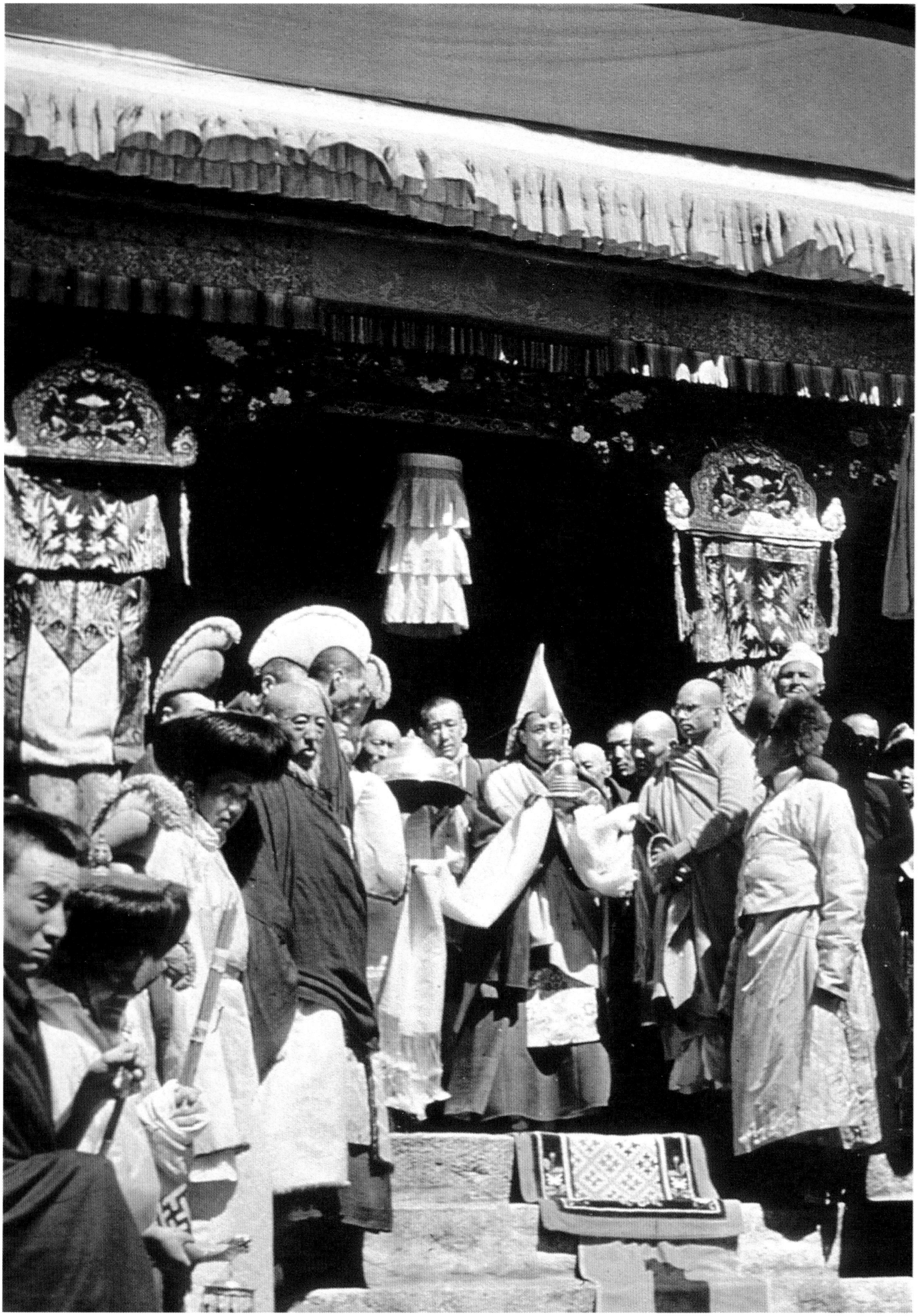

上：チベットに侵入してきた中国軍の行軍を為すすべもなく見守るチベット僧侶（1950年12月8日）

中および下：ラサに入る中国軍。ほとんど全兵士が騎馬で入城した。輜重隊にジープが１台加わっていたが、これはラサ近郊で組み立てられたものだった。

右頁：チベットに侵入する中国軍（1950年）

1951年秋、中国軍は幾重もの波のように押し寄せてきてラサに入城しましたが、波は後になればなるほど大きくなりました。ある日、私はポタラ宮のテラスに上り、据え付けてあった望遠鏡を覗いて、そうした波のひとつがやってくるのを見ていました。雲のように土埃が巻き上がるなか、行列が延々と続いていました。耳を劈(つんざ)くような軍鼓が私のところまで響いてきました。赤旗と毛沢東の肖像を掲げ、トランペットやチューバをやかましく鳴らしながら中国兵がラサに入ってきた時、私は地獄の軍勢がまっしぐらに迫ってくる光景を見るような気がしました。私にはわかっていました。こんなふうに襲いかかって来られたらチベットは抵抗できない、ラサは間もなく陥落する、ということが。

毛沢東はひっきりなしに煙草を吸っていました。話しぶりはゆっくりでしたが、そっけない言葉を短く、断片的に発するばかりでした。靴は久しく磨いていない様子でしたし、シャツの袖口は破けていました。あまり知的な印象は与えず、田舎から出てきた年老いた農夫といった様子でしたが、善良で誠実そうに見えました。

私はマルクス主義が掲げる平等と正義の精神に心酔していました。わが国が共産中国に接近することについて特に懸念を抱いていませんでした。仏教とマルクス主義は相容れない哲学ではないし、両者が相携えれば、有効な統治の下で完全に平等な社会を実現することができるとさえ確信していました。しかし、そうした理想を描きつつも、毛沢東の中国が掲げる主義主張には不安を感じていました。この世の純粋に物質的な側面しか問題にしていないからです。私の不安が正しかったことはすぐ明らかになりました。宗教は毒であり、チベットもモンゴルも宗教に毒されている、と毛は私に囁いたのです。

上：1955年1月26日、中国とチベットを結ぶ真新しい道路を通って最初のトラックがラサに到着した。
左頁上：中華人民共和国の毛沢東主席にカター（伝統的な白いスカーフ）を贈って挨拶するパンチェン・ラマ（中国で、1954年）
左頁下：チベット暦の新年を祝ってダライ・ラマが開催した晩餐会（1955年）。中央の毛沢東をはさんで右にダライ・ラマ、左にパンチェン・ラマ、左端に周恩来、右端に劉少奇

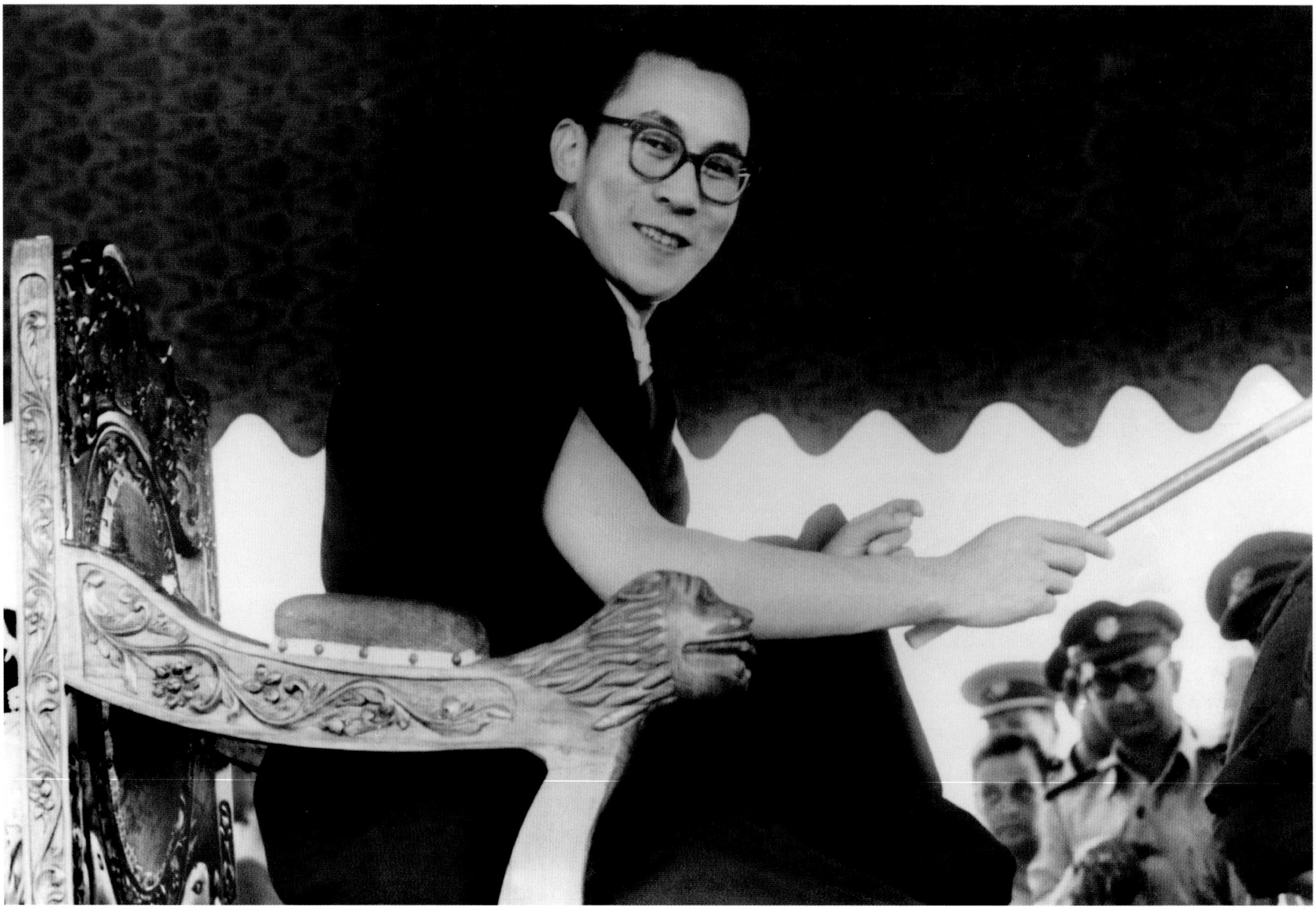

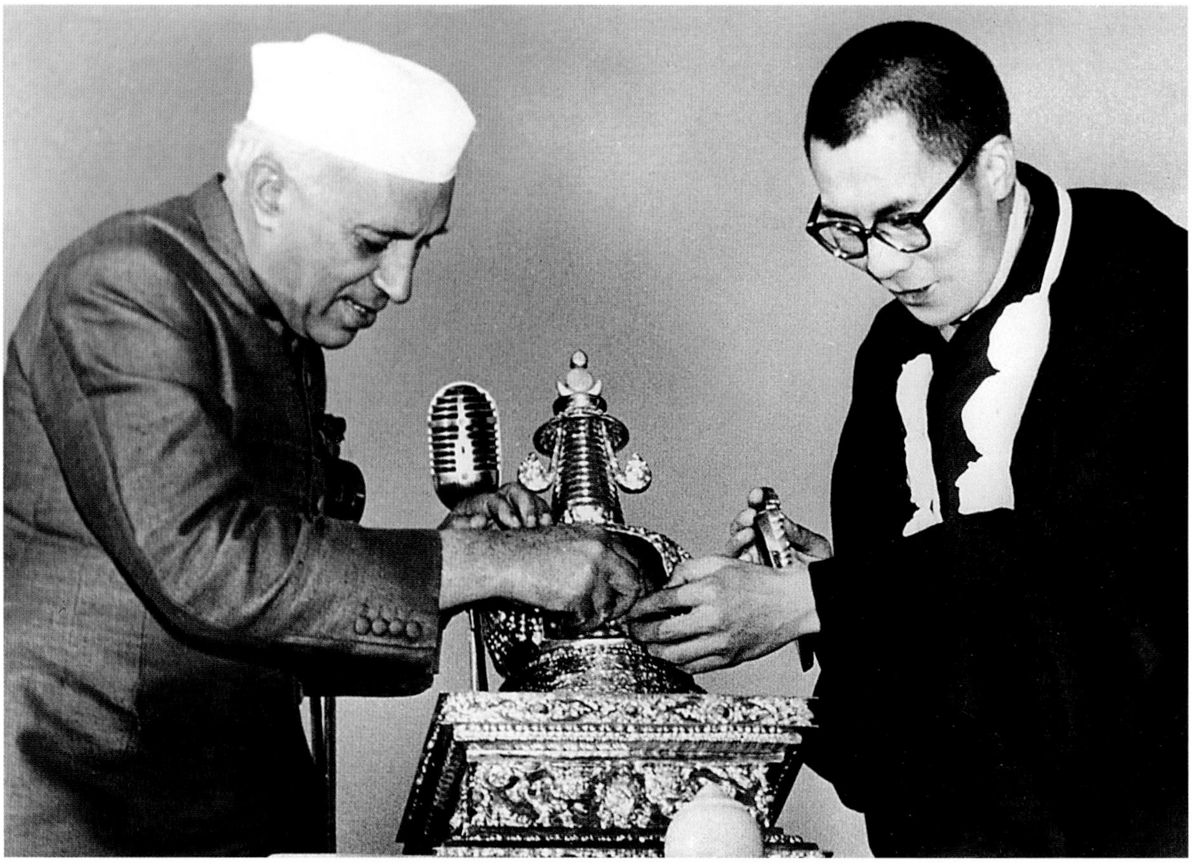

私が初めてニューデリーを訪れたのはマハトマ・ガンジーが荼毘(だび)に付されたラージガートに詣でるためでした。私はそこに立って、ガンジーが生きていたら私にどのような助言を与えてくれただろうかと自問しました。ガンジーは全力を尽くし、意志と人格のすべてを傾けて、チベット民衆の自由のため非暴力の運動を展開したに違いない、と感じました。私はあの場所で、どのような障害があろうと常にガンジーを手本としよう、と改めて決意を固めました。そして、どんなことがあろうと暴力行為には加担すまいと決めました。

下：ニューデリーで開催された仏教大会に参加するため、驢馬の背で長旅の末インドに到着するダライ・ラマ（中央）とパンチェン・ラマ（後ろ）
左頁上：カルカッタの「パレス・グラウンド」広場で開催された別れのセレモニーで群集を祝福するダライ・ラマ（1957年1月）
左頁下：玄奘（7世紀中国の哲学僧、三蔵法師）の位牌が納められた箱をインドのジャワハルラル・ネルー首相に手渡すダライ・ラマ（ナーランダで、1957年1月）

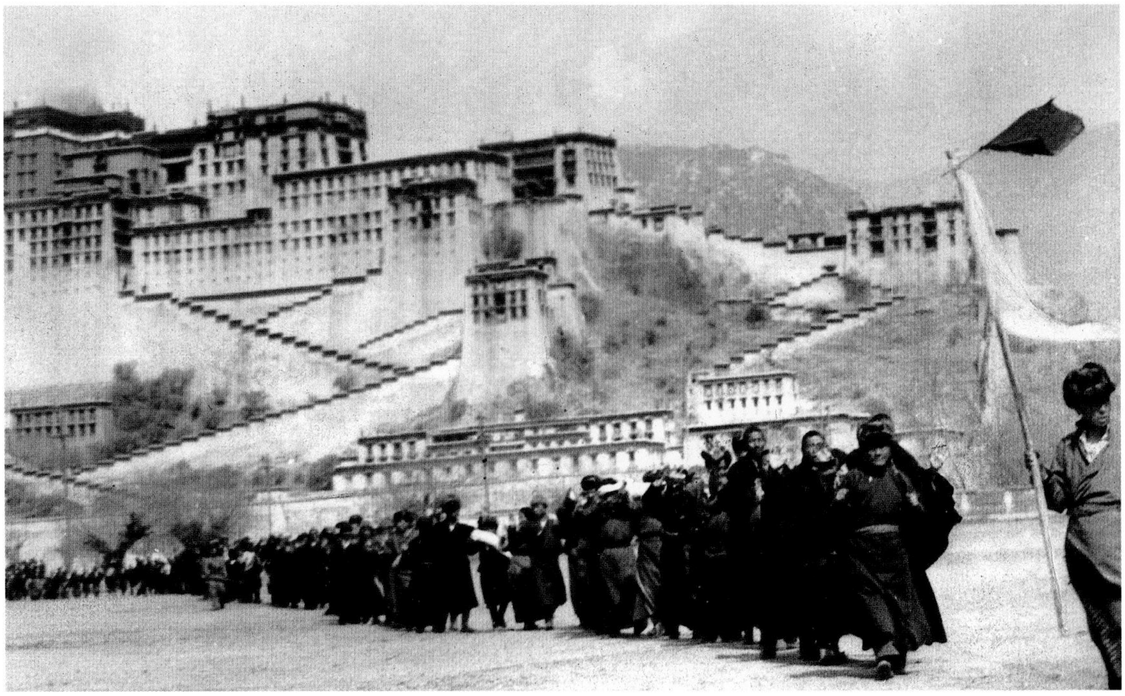

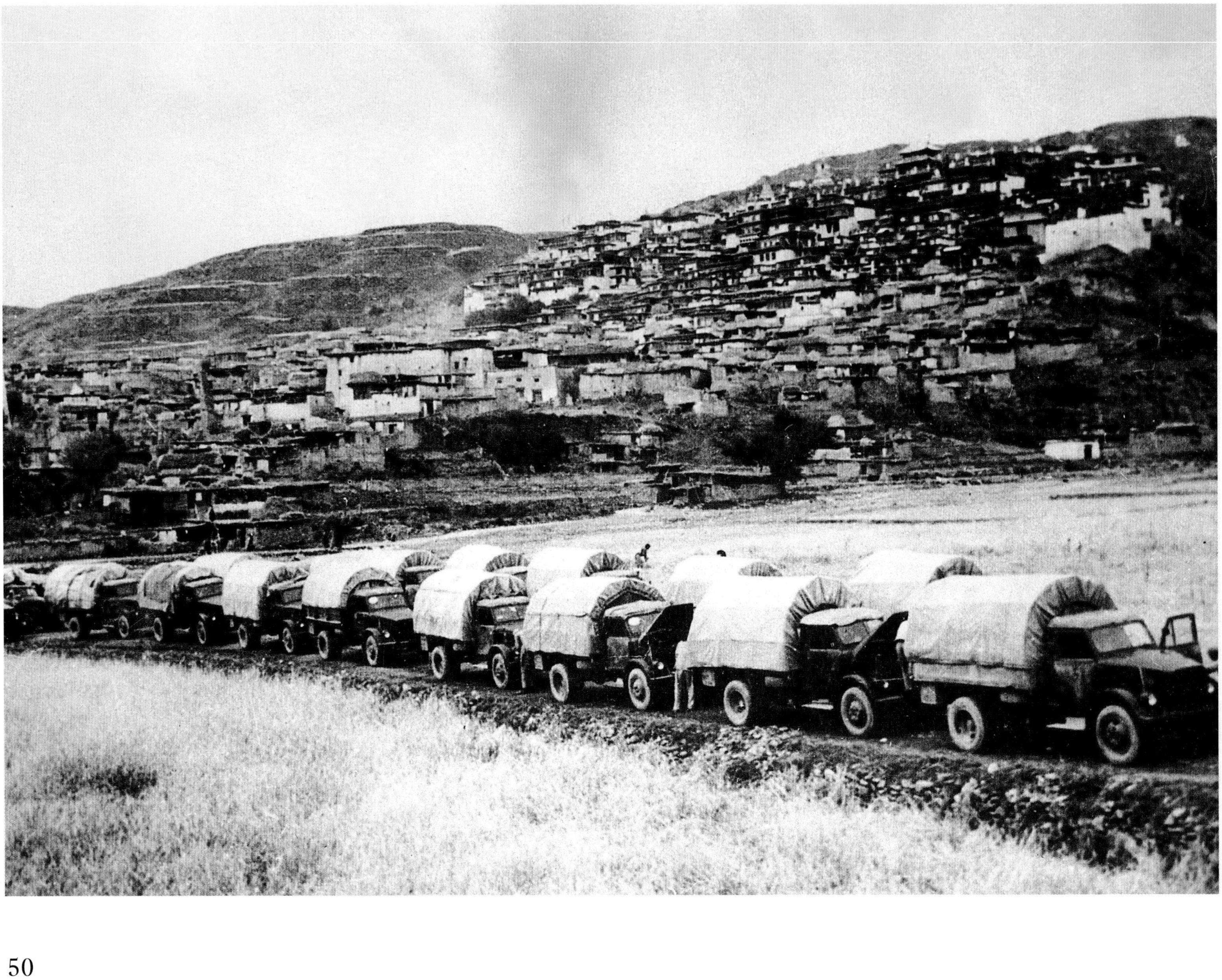

1959年3月14日から15日にかけての夜間、密かに大砲と機関銃がラサに運び込まれたことが私に知らされました。続いて輜重隊（しちょう）の長い列がラサに侵入してきました。住民が「ダライ・ラマを守れ」と叫びながらノルブリンカ宮に向かって行進しているとの報告も入りました。3万人が中国に対して怒りの叫び声をあげ、私は途方にくれました。危急に臨んで私は託宣を求めました。託宣は私にノルブリンカ宮を脱出せよと告げ、脱出経路を明確に示しました。

下：ダライ・ラマを守るためノルブリンカ宮に向かうチベットの群集
左頁上：中国軍に降伏するチベット人（1959年3月）
左頁下：チベットに侵入する中国軍の輜重隊車両

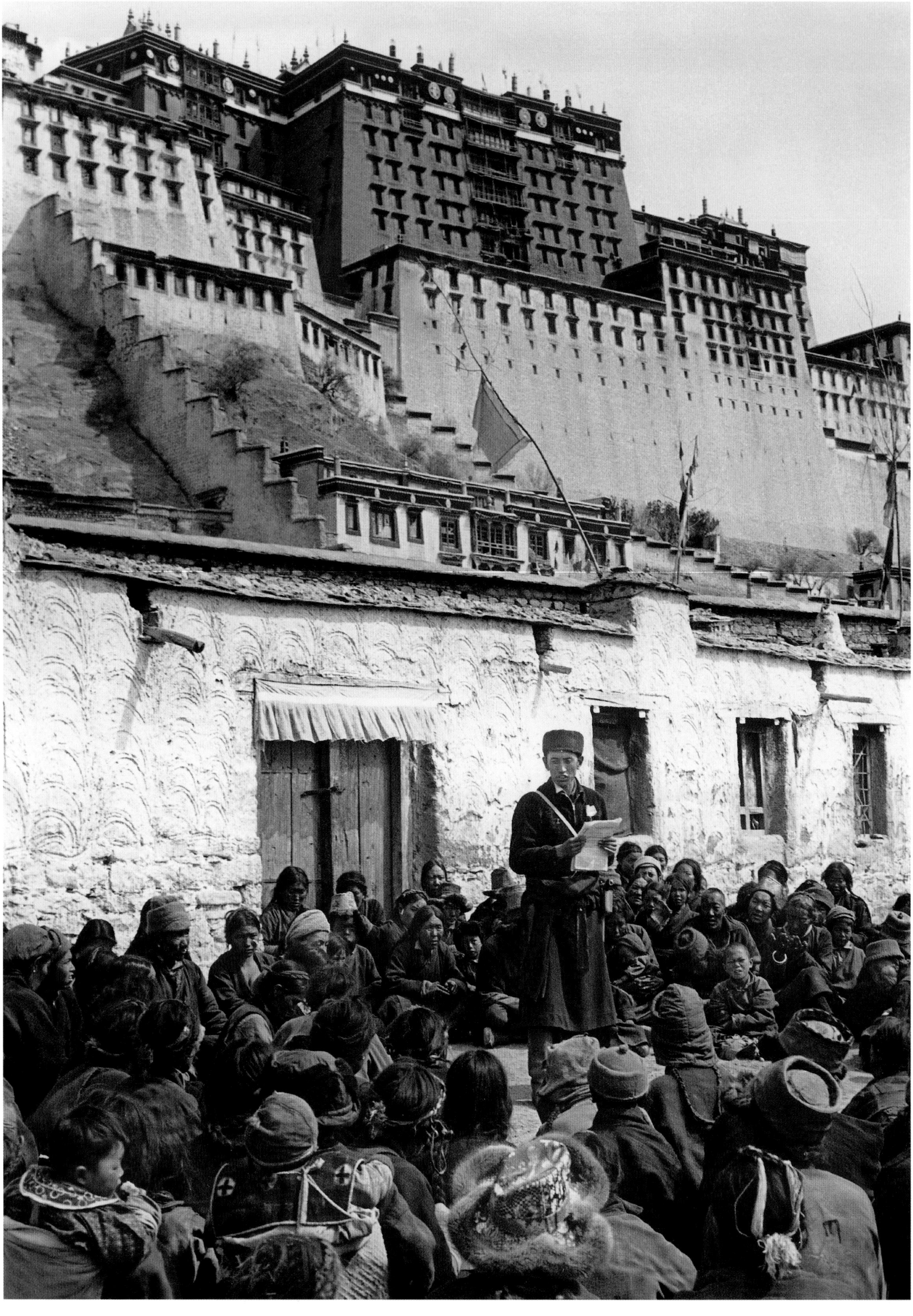

出発後、中国がラサを爆撃したこと、そしてノルブリンカ宮が主な標的となったことを知りました。死者は数千人に上ったそうです。同時に中国は、正当な権限もなくチベット政府の解散を宣言しました。もはや選択の余地はありませんでした。インドの庇護を求めて逃避行を続ける。そして、どこにいようともチベットの人々を精神的に支えることに身を捧げる。しかし、これは当時の私にとって耐えがたい将来展望であり、とても受け入れることはできませんでした。できる限りすみやかにチベット政府を再構築することが急務でした。

下：蜂起に失敗し、中国軍兵士によって武装解除されるチベット僧侶
左頁：チベットの群集を前に中国政府の声明を読み上げる中国共産党幹部（1959年4月10日）。ダライ・ラマが去った今、パンチェン・ラマに忠誠を誓うことを要求している。

私たちの逃避行を包む空気は日ごとに陰鬱になっていきました。私は若くて元気でしたが、年長の同行者の中にはこの長旅で消耗する者が出始めたのです。何しろ大急ぎの旅でした。しかも、行く手には何よりも恐ろしい障害が立ちはだかっていました。この時点では、インド政府が我々を受け入れてくれるという確証がまだなかったのです。私自身も病気になりました。亡命の地インドに着いた時、私は疲労と、そして言いようもない深い悲しみのために放心状態となっていました。しかし、インド領に辿り着くと直ちに好意的に遇され、私たちは意気沮喪から立ち直りました。

インドに向けて逃避行中のダライ・ラマ
（1959年）

55

インド到着の2か月後、私は世界中から集まった130人のジャーナリストを前に記者会見を行いました。その場で私は、1959年3月の動乱について知らせを受けた毛沢東が「で、ダライ・ラマはどうした？」と聞いたことを知りました。毛は私が脱出したと聞くと、「それじゃあ、この戦さは我々の負けだ」と言ったそうです。以後、私は新聞報道やBBCのニュース以外で毛について耳にすることはありませんでした。私もチベット亡命政府も北京と接触することは一切なく、その状態は1976年に毛が死去するまで続きました。

右：チベット国境に最も近いインドの都市カリンポン
下：テズプル（インド）に到着したダライ・ラマ（1959年）。チベット脱出後初めて記者会見を行った。
左頁上：マイソール（インド）を訪れるダライ・ラマ（1959年4月25日）
左頁下：シッキムの王子が構えるカメラの前でポーズを取るダライ・ラマ（1959年4月8日）

3. ダライ・ラマ不在のチベット

「鉄のカーテン」ならぬ「竹のカーテン」がチベットを覆った。1966年から76年まで、国際社会をシャットアウトしたまま文化大革命が猛威をふるった。1959年の中国による占領以来、人口の5分の1以上にあたる120万人のチベット人が民族大虐殺の犠牲となった。1959年3月の蜂起の間、ラサ地区のみで8万7,000人のチベット人が殺された。文革派「四人組」の失脚後、監視の目をかいくぐって徒歩でヒマラヤ越えをした難民たちによって、ジェノサイドの実態が初めて明らかになった。チベット人が受けた拷問は想像を超えるものであった。ほとんどの人はそれについて語るのを拒んだ。話しても信じてもらえないことを恐れたのだ。格言にあるように、激しい苦悩は口をつぐむのである。その後、少しずつ真実が明らかになっていった。6,254もの僧院が爆撃を受け、14歳の少女たちが不妊手術を強要され、チベット女性は無理やり中国兵と結婚させられた。また1,000年来の知識を保持するラマたちは集団農場に送られ、豚番の仕事を覚えることを強要された。

ダライ・ラマ付きの医者であったテンジン・チョドラク博士は、17年間を収容所で過ごした。囚人は1か月に4キロのツァンパ（大麦の粉）しか与えられなかった。彼らは、まず自分の服を食べ始めた。次に、革靴を長時間噛み続け、乾燥藁や小石も口にした。頭の黄色いミミズが唯一の脂肪供給源であった。多くのものたちが野良で倒れた。死者のうち4分の3は飢え死にであった。軍は数千冊もの赤い表紙の毛沢東語録を配り、暗記するよう命令した。チベット人は中国語を理解せず、チベット語を話さない中国人は英語で指令をだした。チベット人の役人が、事の成り行きで中国語を少しでも覚えると、同国人同士でも中国語を話さなければならなかった。また中国人の風習を取り入れ、彼らのように黒や灰色の服を着て酒を飲み、多量にタバコを吸うことを強要された。もしタバコを吸わないと、偉大なる中華人民共和国への反抗者と疑われた！ 学校ではチベット語が禁止され、新生児が戸籍登録する場合には、その名前に、毛沢東の名前からとった音節をひとつは入れなければならなかった。母親がそれを拒めば、子どもは番号で登録された。漢民族はチベットの大麦文化を米と小麦の文化に転換させた。その結果、チベットは史上初めての飢饉に見舞われた。なぜなら、米や小麦は高地では育たないからだ。

現在、レーダー基地17か所、空軍基地14か所、核基地5か所、長中距離ミサイル基地100か所以上がチベット各地に設置されている。北部では放射性廃棄物の影響で自然が破壊された。動物たちも消え去った。大きな野生ロバは、汚染の少ないラダック高地へと逃げた。中国人は、ヤクの腿肉がとびきり美味しいと聞いて、このやさしい目をした牛に似た動物をほとんど食べ尽くしてしまった。毛足が長く厳かな風貌のラサアプソ犬は、ラマ寺院の庇護を受け、洞で瞑想にふけりながら寺を守る番犬だが、中国人は警戒心の強いこの犬も食した。

毛沢東の死から3年後、中国の政策は柔軟になり、亡命地で政府を樹立したダライ・ラマと北京政府との間で交渉が再開した。1980年代初め、形ばかり再建された寺院が観光客に開放され、みせかけの宗教の自由が復活した。亡命者の使節団が短期間チベットを訪問することが許可された。ダライ・ラマの妹であるジェツン・ペマもその一員であった。「それは地獄への旅でした。一生のうちで、あれほど泣いたことはありません。そこで目撃したことは、想像の域を超えていました。今日でも、涙なくして話すことはできません」と語る。数百人の人々がいまだに飢え死にし、食物はねずみだけであり、そしてねずみがいなければ、残るのは死骸のみであった。中国人は機嫌の良いとき、豚の餌にする残飯を彼らに投げ与えた。

最初の観光客が訪れたが、目にしたのはすっかり中国化したチベットであった。ラサではこの頃から、中国人入植者が人数で上回るようになり、チベット人は下層民に転落した。ポタラの中心地では五星紅旗が翻り、荘厳な宮殿は遠くから望めるだけで、近づくにつれて、灰色がかった醜い建物に隠されて見えなくなってしまう。古都は破壊されてしまった。カラオケ、そして少年たちが数元の料金で朝から晩まで戦争ゲームに興じるインターネット・カフェが陰鬱な中国街に乱立している。そこでは売春宿も350軒に上り、売春婦の数は北京よりも多い。漢民族はチベットとチベット人を粗野で野蛮で、悪臭がすると嫌っている。戦略的にも経済的にも、北

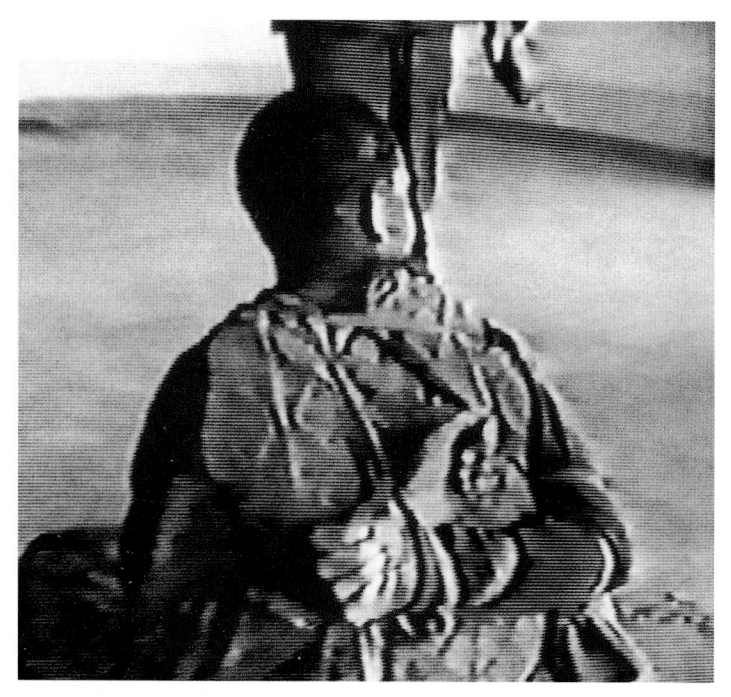

1988年のデモ行進で逮捕された僧

京政府にとってチベットは大変重要であり、地下に埋蔵されているウラニウム、リチウムなど250種の鉱物、そして世界一を誇る水力発電資源に触手が伸びている。

　1987年、ダライ・ラマは、ワシントンで5項目の和平案を提案し、その中で、中国人の流入を止めるように求めた。しかし10月1日、ラサで警察が独立派のデモ行進に対して銃撃を加えた。翌日、家族が遺体の返還を求めた。遺体は、命を奪った弾丸の金額と引き換えに返された。1989年3月、ラサ蜂起の30年後、中国兵が警告なしに祈祷中の僧たちに発砲した。兵士たちは押し寄せる群衆に取り囲まれ、隊列は崩れ、パニック状態で後退した。死をも厭わぬ決然とした態度のチベット人を抑える術もなく、ダライ・ラマとの交渉に手こずる中国政府の統率は乱れていた。戒厳令が敷かれ、外国人滞在者は48時間以内に国外退去するように命じられ、チベットは再び世界から隔離された。同時に中国は最も大切にしている面子を失った。

　1989年の事件後に亡命したチベット人の多くは牢獄を経験しており、自分たちが受けた拷問について語った。19歳の女子学生ニマは、平和的なデモ行進の間にビラを配ったとして逮捕された。40人の女性とともに、虫とネズミがうごめく監房に拘留され、しかも毎日1元の家賃を払わねばならなかっ

1987年のデモ行進で怪我をしたチベット人

た。「トイレに行くことができるのは24時間で一度だけで、素手でトイレの掃除をさせられました。タバコの火で体を焼かれ、口の中を針やナイフで突き刺されました。時には、毒入りの食物を与えられましたが、それは私たちを殺すのが目的ではなく、苦痛を与えるためでした。毎日凍りついたコンクリートの上に3時間立たされ、家族のうちでデモ行進に参加したものを密告するようにと強要されました。しゃべることを拒否した女性たちは、中国人に不明な物質を注射され、一生麻痺が残りました」

　1989年1月28日、巨大なラッパが鳴り響いて祈祷が始まり、パンチェン・ラマ10世の入寂が告げられた。チベット仏教においてダライ・ラマに次ぐ最高位の指導者であった10世は、50歳にして謎めいた不慮の死を遂げた。パンチェン・ラマの系譜は17世紀初め、ダライ・ラマ5世が敬愛する自らの師をシガツェにあるタシルンポ寺の僧院長に任命したことに始まる。ダライ・ラマ5世は師を阿弥陀仏の化身と認め、彼に「パンチェン・ラマ（偉大な博学者）」の称号を贈った。以来、同志愛以上の強い絆で結ばれたダライ・ラマとパンチェン・ラマは、互いに認め合い、死ですら引き離すことができない間柄となり、チベット人たちはこれを父と子、月と太陽の関係と呼んでいる。18世紀に入ると、チベットを保護領とした満州族の清朝はどちらも転生者であるダライ・ラマとパンチェン・ラマとの間に対抗意識を掻き立てようと企んだ。ダライ・ラマは俗世との交わりによって純粋さが失われているとして、パンチェン・ラマの方が「霊的に優れている」と公言したのである。それは、首都ラサと第二の都シガツェを対立させようとする目論見であった。しかし、チベットへの影響力を強めようとした満州族の意に反して、2人の高僧の間に対立は起こらなかった。1940年頃、国民党が3歳の少年をパンチェン・ラマの10代目の転生者と認め、これを公表した。この少年は程なくして中国共産党の人質となった。彼を通じてダライ・ラマの権威を失墜させることが共産党の狙いだった。のちに、共産党はパンチェン・ラマをラサ政庁で権力の座に就かせようとするが、10世はこれを拒否する。そして、20歳を迎えたとき、7万語に及ぶ演説の中で、チベットにおける飢餓と中国人入植者たちによる虐待を告発した。この演説内容がもとで、彼は10年にわたり拷問を受け、再教育収容所に監禁されることになる。釈放されると僧服を脱いで女看守と結婚することを強要され、次第にアルコールに溺れていった。北京で暮らしていたが、時折チベットに連れて行かれ、中国共産党が操る傀儡として言われるがままに行動した。しかし1989年1月、タシルンポ寺を訪問したパンチェン・ラマは次のように公言し、同行していた共産党代表団を唖然とさせた。「中国とチベットの5,000年の歴史において、文化大革命は未曾有の大惨事であった。今日、政治の責任者の中には、この悲劇を完全に忘れてしまった人たちや、また同じ過ちを繰り返し始めた人たちがいる」。その4日後、パンチェン・ラマは心臓発作で倒れた。「殺害されたらしい」と言う人もいれば、「煙草の吸い過ぎ、お酒の飲み過ぎだった」と言う人もいる。あるいはまた、「中国政府に対する抗議として自ら命を絶ったのだろう」という声も聞かれる。

　「確かに、いろいろな噂がありました」とダライ・ラマは語る。「中国側はパンチェン・ラマを操っていましたが、その一方で扱いに困ってもいました。というのは、表面的には恭順の意を示していたものの、彼は中国に協力することを拒み続けていましたから。北京にいたパンチェン・ラマがテレビ

に出たとき、ごく普通の顔をしていました。それから数日経って、シガツェでの現地報道に姿が映っていましたが、その時は暗い顔つきをしているのがはっきり見てとれました。北京での放映の時よりずっと暗くなっていました。情報に明るくない一部の人たちは、パンチェン・ラマは中国の言いなりになっていたと言います。しかし私の目から見れば、チベットの人々も言うように、パンチェン・ラマはいつも自国のために闘ってきた人でした。彼の言葉と行為のすべてがそれを物語っています」

　彼が亡くなった後、中国共産党はタシルンポ寺の高僧、チャデル・リンポチェに、パンチェン・ラマ10世の生まれ変わりを見つけるよう命じた。この高僧は親中国派だと睨んだからだ。ダライ・ラマは北京に対して、転生者探しを手伝うため高僧の代表団を急遽派遣することを申し出た。中国側はその提案を「無用」として撥ねつけた。パンチェン・ラマ10世の死去から数か月後、30人ほどの候補者がチベット、インド、ラダクで特定された。その中から秀でた長所を持つ3人の少年が選ばれ、その3人のうちから最終的に選ばれたのは、ほとんど読み書きができない遊牧民を親にもつゲドゥン・チューキ・ニマ少年であった。チャデル・リンポチェはこの結果を、ダライ・ラマがこっそり派遣させた密使を通じて亡命政府に伝えた。言葉が話せるようになった時に少年は、両親に次のように言っている。「僕はパンチェン・ラマだ。僧院はタシルンポ寺で、僕は一段高くなった玉座に坐っている。ラサにもウ・ツァンにも中国にも僕の僧院がある」。チャデル・リンポチェの「建て前と本音の使い分け」を知らない北京は、新パンチェン・ラマ認定の公表を数か月遅らせて、チベット自治区成立30周年記念と重なるよう図っていた。ところが1995年5月14日、ネチュン神託に伺いを立て、幾つもの宗教儀式を済ませたダライ・ラマが、「パンチェン・ラマ11世がチャデル・リンポチェによって探し出された。私は彼を正式に認定する」と発表したのである。その後すぐに、ゲドゥン・チューキ・ニマが両親とともに拉致された。チャデル・リンポチェも直ちに逮捕、投獄されて、中国側に買収された僧侶が彼に代わってタシルンポ寺の責任者となった。この僧侶は「赤いラマ」と綽名され、すでに文化大革命で一役買っていた。幼いパンチェン・ラマは重い咎めを受けた。世界最年少の政治囚である彼の表向きの罪状は、「犬を溺れさせたこと。これは仏陀の教えでは怨恨の罪」である。仏陀に祈ることではなく犬を食べることで知られた共産党当局者たちは、そのようなことを冗談ではなく言い張るのだ。

　ダライ・ラマに先を越された中国人たちは、まやかしの祭式の手筈を整えた。

　彼らが振りかざしたのは16世紀に遡る古色蒼然たる取り決めで、"清朝の皇帝たちは金瓶と象牙棒を使ったくじ引きによってパンチェン・ラマを選ぶ権限を持つ"という内容だった。この方法は2世紀の間に3度しか用いられず、チベット仏教の慣例に従って行われた転生者探しの結果を単に確認、認証するためのものだった。1995年11月17日、チベットの75人のラマが北京の軍施設に招集されたが、大半が共産党の人質であり、こめかみに銃を突き付けられての出頭であった。この招集への欠席は不可能であり、招集目的はダライ・ラマの決定を否認させることである。会合の後で「記念写真」のためにポーズをとったラマたちは、強要されているので表情がぎこちない。そして江沢民主席が姿を現し、国家と軍隊の高位代表者たちを前に、転生者探索の最終段階は「迅速に片

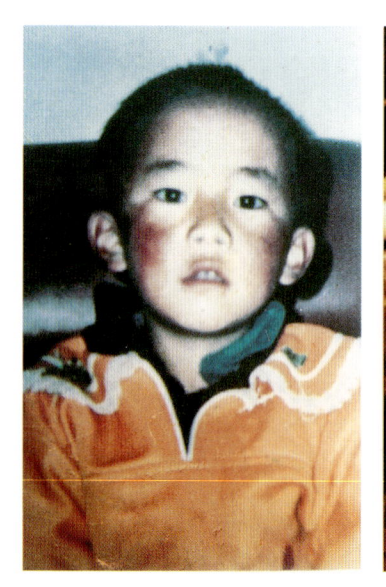

左がゲドゥン・チューキ・ニマ、ダライ・ラマが認定したパンチェン・ラマ
右がギャルツェン・ノルブ、中国政府公認のパンチェン・ラマ

づくだろう」と告げる。

　11月末、共産党当局は疑問の声に邪魔されぬように、夜明けにごく内輪で真似ごとの儀式を行った。それはきめ細かな仏教儀式というより、荒唐無稽で芝居じみていた。その芝居が演じられたのはラサの宗教的、地理的中心であるジョカン僧院である。立ち会ったのは数人のラマと背広ネクタイ姿の中国共産党幹部たちで、その中には政治局常務委員であり、李鵬首相の陰の参謀であった羅幹がいた。この日の主役は、中国側は高位のラマだと紹介したが実際は高僧とはいえない77歳のボミ・リンポチェである。彼が金瓶の中に入れる3本の象牙棒には、パンチェン・ラマの転生者かもしれない3人の少年の名前が書かれている。僧侶は大きな仏像の前に立って、一本調子で経を唱え、頭の上で聖なる器を振った。そうして1本の棒を引いたが、そこにはギャルツェン・ノルブという名が記されていた。この少年はナグチュ県生まれで、ゲドゥン・チューキ・ニマと同じ6歳だが、両親は親中国派である。巨大なラッパが鳴り響き、カーテンの後ろに隠されていた少年が顔を赤らめながら内陣に通された。列席者が割れんばかりの拍手を送ったが、それは神聖な場所に全くそぐわ

なかった。そして党政治局常務委員の羅幹が、まだ成りたての「パンチェン・ラマ」を抱きしめ、彼に祝福の言葉をかけた後、祖国を愛し、よく勉強するようにと言った。12月8日、ギャルツェン・ノルブはタシルンポ寺で即位させられた。中国軍の二つの部隊が少年の警備に当たるなか、彼には墨痕鮮やかな書が手渡された。そこに金色の墨で書かれているのは、江沢民の「祖国を守りなさい。そして国民の利益のために働きなさい」という驚くべき文言である。どの祖国、どの国民のことだろうか。

「この少年の両親が共産党の一員であるというのは、チベットの田舎ではかなり珍しいことです」と、ダライ・ラマも驚いている。「この少年は以前、私が最大の注意を払って探索し、調査した結果に基づいてチャデル・リンポチェが選んだ候補者の一人でしたが、ゲドゥン・チューキ・ニマがただ一人のパンチェン・ラマであることに変わりありません。したがって、その認定が変更されることはあり得ません。私はゲドゥン・チューキ・ニマの身の上をたいへん心配しています。消息が全くわかりませんが、私たちの所に届いたわずかな情報によると、彼は両親とともに北京で監禁されているようです。中国にとって、彼を殺害する必要もありません。脳に決定的な損傷を与えるような何らかの麻薬を服用させれば済むことなのでしょう。中国側による『彼らの』パンチェン・ラマ認定の工作は、世界における仏教のイメージを壊す手段であり、北京にとってはチベットに対する権限をはっきり示す手段でもあります。伝統によりダライ・ラマが代々パンチェン・ラマの転生者を指名してきたように、私の死後、ダライ・ラマの転生者はパンチェン・ラマが指名することになるはずです。だから、もしパンチェン・ラマが洗脳されていたら、私の後には操り人形が選ばれることになります。そうなったら、チベット国民の自由への希求はそれでおしまいになるでしょう」

ゲドゥン・チューキ・ニマ少年が誘拐されてから、反乱とそれに続く宗教弾圧が再び激しくなった。僧侶数が50%から95%までも減少した僧院には、中国の「再教育班」が入り込んでいる。10人の役人から成る工作班が、僧院に残っている僧侶たちに一日8時間の再教育プログラムを受けさせるのである。この義務課程を修了すると、僧侶たちは5か条の誓約書に署名しなければならない。チベットが常に中国の一部であったことを認め、ダライ・ラマを否認することを約束し、北京が認定した少年をパンチェン・ラマとして受け入れ、チベット語のラジオ放送を聴くのをやめ、あらゆる分離主義活動を断念する、という誓約である。署名を拒んだ人たちは、投獄されるかアムドの強制労働収容所に送られる。その収容所は世界最大規模で、1,000万人を収容できるとされる。自分を裏切るよりは自殺する方がましだという人々もいる。山奥で静かに瞑想している隠者たちはといえば、自然の岩を掘った洞窟の「家賃」を払わなければならなくなった。共産党員はダライ・ラマに「蛇の頭」という綽名をつけ、彼の写真を飾ることを禁止している。代わりにチベット人たちは中身が空の額を掛けている。政府の新文化政策により、元来チベット文化は非仏教的なものであり、仏教は「排斥しなければならない外来宗教」であると言明された。それはまるで、ヨーロッパがイスラエルの地で発祥したキリスト教を排斥しなければならないかのようだ。ところで、マルクス主義はどこから来たのだろう。

2006年7月1日、エジプトのファラオ時代を思わせる工事が完了し、胡錦濤国家主席の臨席のもとに鉄道開通式が行われた。北京とラサを結ぶ世界一の高さの鉄道である。この「世界の屋根の上を動き回る鉄の竜」はまさにチベットの中国化の新段階を示すものである。年間90万人の乗客を運んでいるが、その大多数が漢民族入植者である。ちなみに、中国語でチベットは「西蔵」、西部の宝物庫を意味する。

アニ・ンガワン・ヤンチェンは多くの年月を中国の刑務所で過ごした。

上：ポタラ宮前広場で繰り広げられる軍事パレード（2000年10月1日）
右頁上：チベット領内の中国軍基地における教練
右頁下：ラサのジョカン広場（2002年5月）。巡礼たちは中国警察の監視下に置かれている。しばしば反乱の出発点となったこの広場ではあらゆる集会が禁じられている。

チベットに大規模展開している軍隊および核施設を見るにつけ、チベット国民は自分たちにのしかかる圧政と苦しみを日々改めて実感しています。私は、チベットが「非武装地帯」へと変わることを願っています。このようなゾーンの誕生は平和で中立的な仏教国というチベットの歴史的役割に完璧に合致していますし、インドと中国という二つの大国の緩衝地帯ともなることでしょう。

中国はチベットの自然環境を破壊しています。5,000万本以上の木が伐採され、中国に運ばれました。その一方、チベット国民が住まいの近辺で木を切ることは1本たりとも許されていません。漢人をチベットへ大量移民させるという中国の政策は、文民の保護に関するジュネーブ第4条約に違反しています。例えば、私の生まれた地方では現在、75万人のチベット人に対して250万人の中国人が住んでいると推測されます。チベット全土に教育が普及しているわけではありませんが、教育が行われるにしても、その主な目的はチベット国民を中国化することです。

上：チベット南部、ザドイの学校
右：北京とラサを結ぶ鉄道、ここは海抜4,767メートルのクンルン峠
右頁上：ラサの東にある木材置場

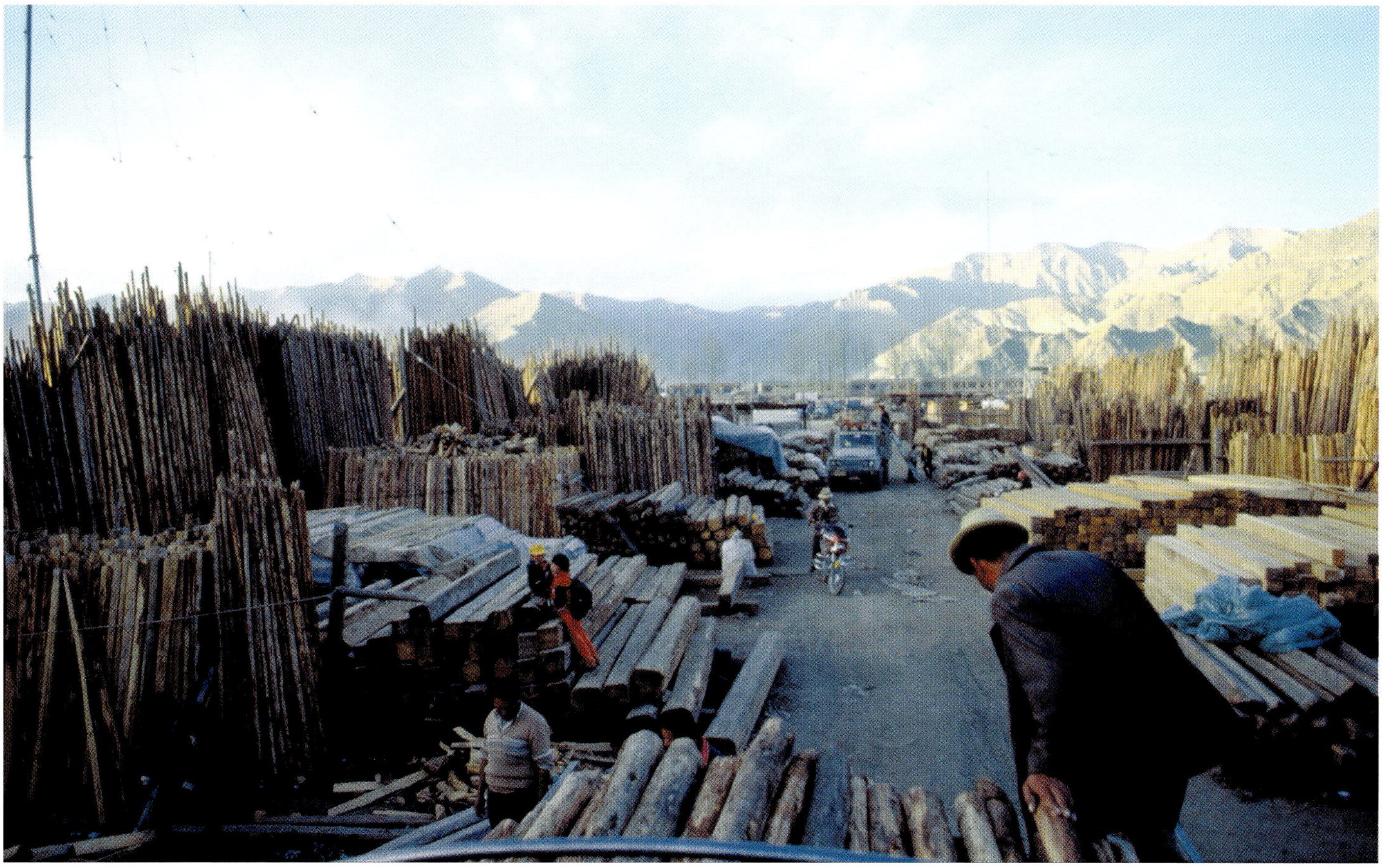

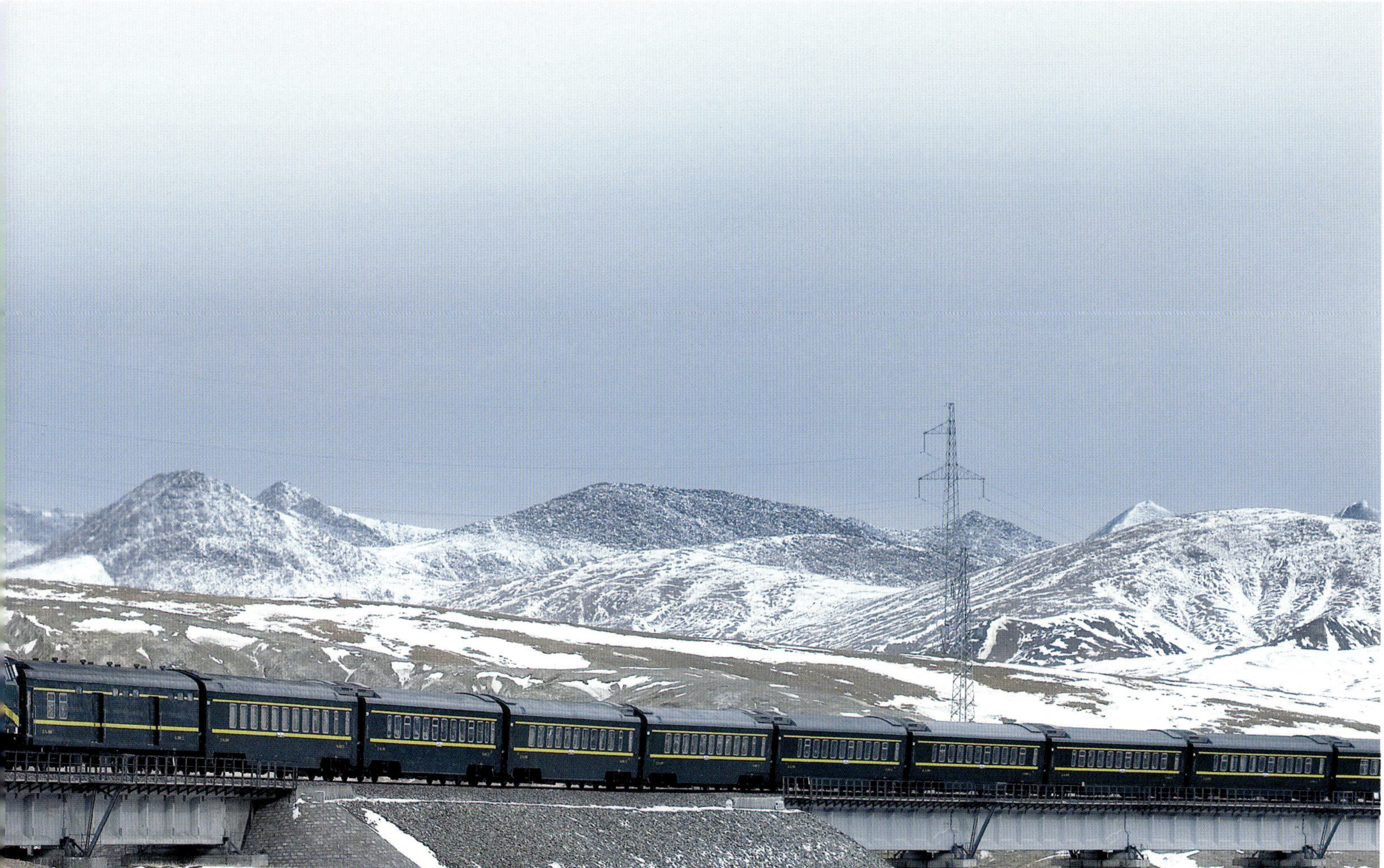

1987年9月に始まった大規模なデモは暴力的な弾圧を招き、89年3月にはラサに戒厳令が敷かれました。こうしたデモの大半は、中国人の大量移民に対する反発から起きたのです。厳しい弾圧をもってしても、自由を求める声をかき消すことはできないのです。私は、ラサが大殺戮の舞台となるのではと恐れました。こうした出来事によって国際社会はチベットでジェノサイドが起きていることを知りました。

1987年の反中国デモにおけるチベット僧たち

67

上：宗教の自由を求めてインドに亡命した若いチベット僧
右：ラサのダプチ刑務所。政治犯にとって最も恐ろしい刑務所のひとつ、として有名。
右頁：パルデン・ギャツォ、78歳。最高齢の元囚人の一人。このチベット僧は、平和的な抗議運動を行っただけで33年間も獄につながれた。

チベットでは、数多くの信じられないような人権侵害を伴う弾圧が今なお継続しています。宗教の自由は否定され、宗教問題は政治化されています。中国政府がチベットの人々を尊重していないことがすべての原因です。中国政府が掲げる多民族の融和を妨げる大きな障害でもあります。

人間に対するありとあらゆる迫害に加え、中国は95％の僧院を破壊しました。寺にあった仏像、経典は破壊もしくは略奪されました。略奪品は北京に送られ、骨董屋で売りに出されました。僧侶たちは強制労働キャンプに送られ、戒律を破って結婚することを強要されました。僧院の建物は家畜小屋や兵舎として使われています。

1998年、ラグ尼僧院は中国の手によって破壊される寸前となった。中国のブルドーザーがこの聖なる地を汚すくらいなら、と尼僧たちは自分たちで建物を破壊した。

左頁：ラサの中心にあるシデ僧院（シデはチベット語で「平和」を意味する）は、文化大革命のさなかに破壊された。公式に許可されている観光ルートから外れているため、同僧院は再建されていない。

中国政府は幾つかの僧院をチベットの人々が再建することを許しましたが、仏教を正規に学んだり研究したりすることはいまだに禁止されています。共産党から認められた少数の人間だけが僧院で暮らすことができます。

上：チベットの、一僧院の内部
右：ラサの仏教寺院。寺院や僧院は今も、チベットにおける文化的、政治的抵抗運動の拠点である。
左頁上：中国によるチベット占領以前、1万人の僧侶が暮らすチベット最大の僧院であったデプン僧院（ラサの西方10キロ）。現在住んでいる僧侶はわずか数百人。
左頁下：祈りを唱えるチベット少年僧
次頁見開き：吹雪のなか、チベット東部のラブラン僧院における儀式に臨む僧たち

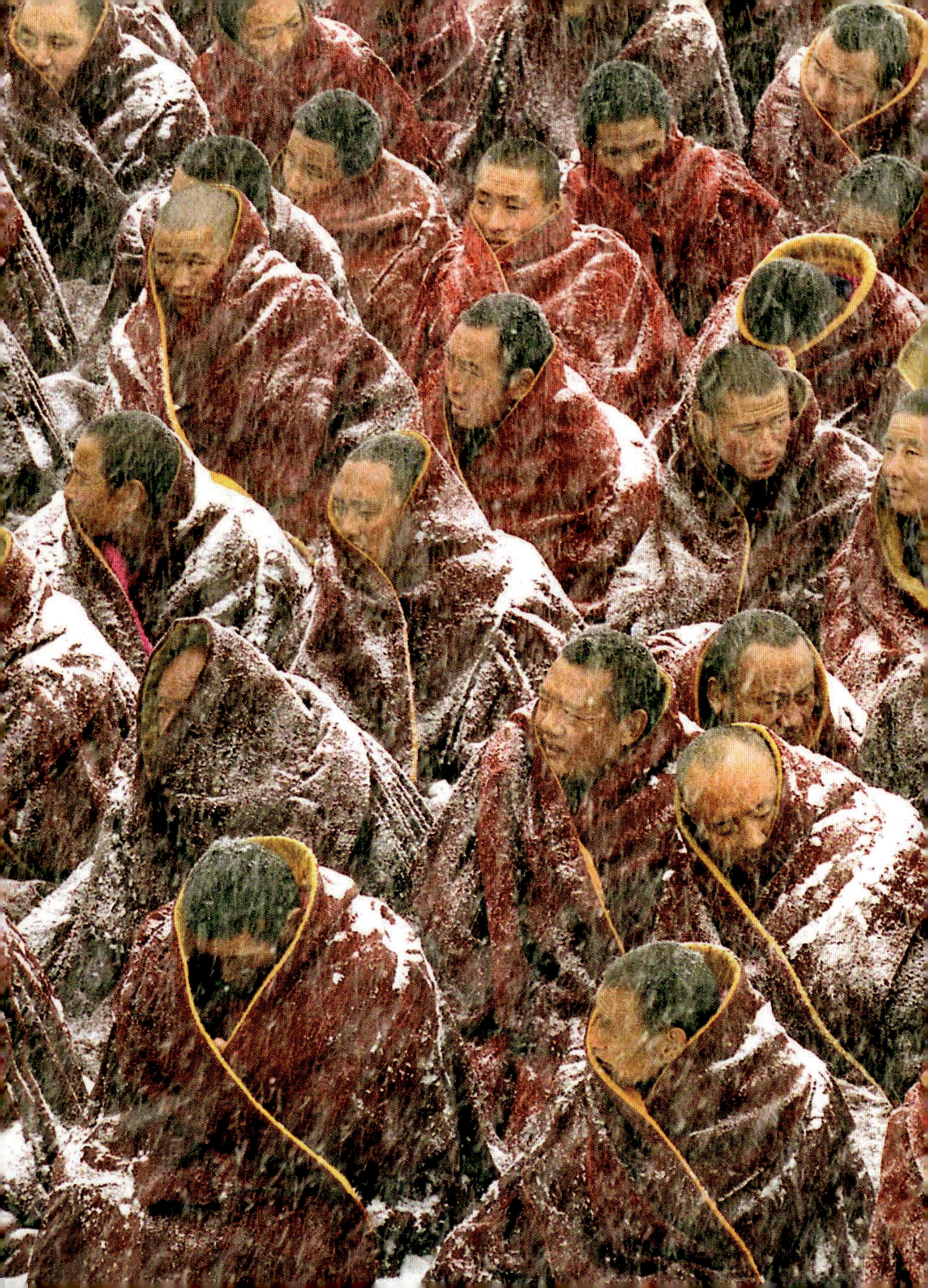

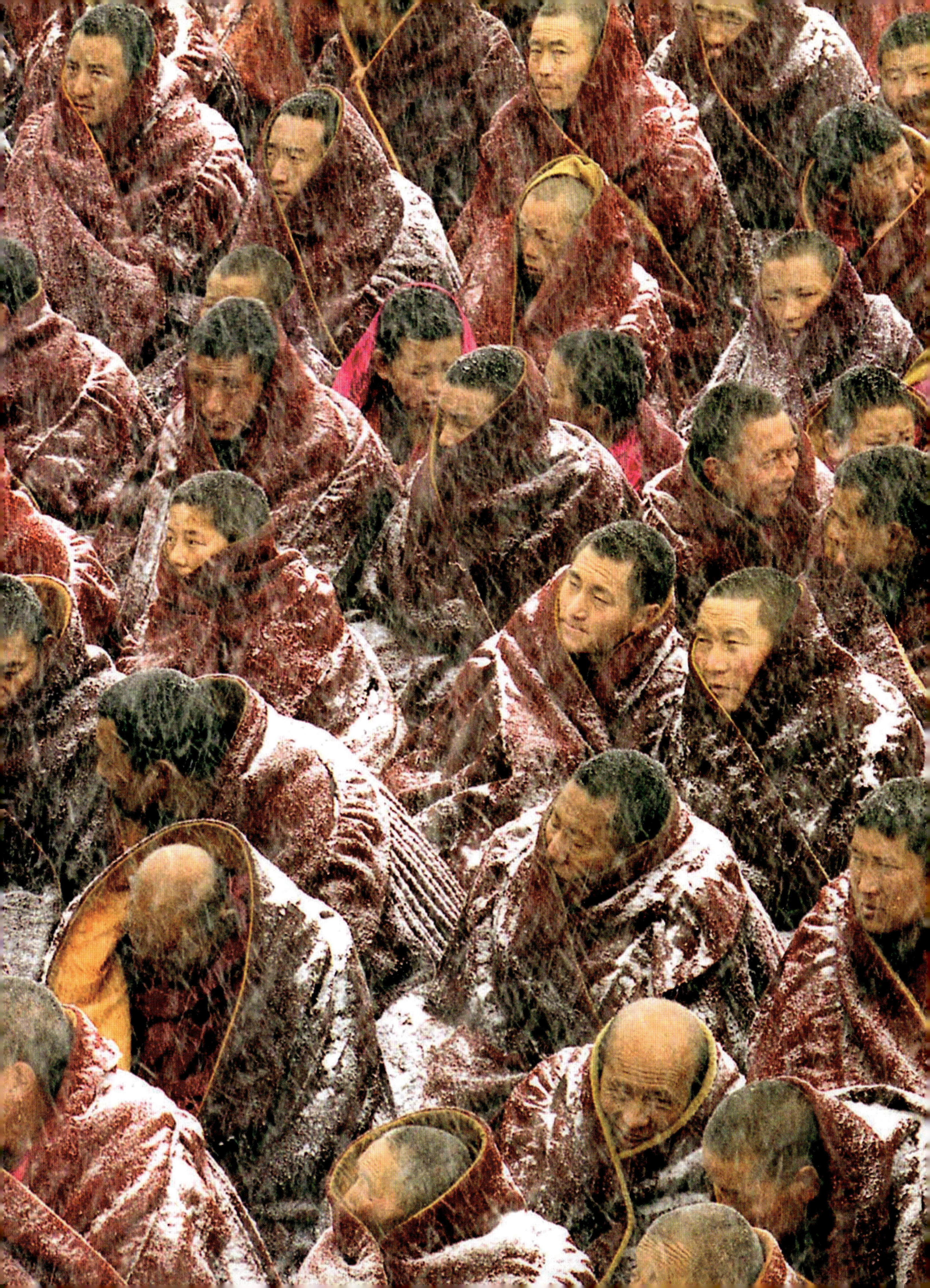

76

毛沢東の死後、中国共産党は仏教の祭祀や信仰の復活を許可しました。そのひとつがロサルの祭り（チベットのお正月）です。同時に、民族衣装の着用も大目に見られることになり、ジョカン僧院への巡礼も再開しました。ただし、あくまでもチベットを占領している中国当局の監視下での伝統復活です。

左頁上：チベットの宗教行事では音楽が重要な役目を果たす。
左頁下、左（上中下）および次頁見開き：ラブラン僧院におけるモンランの宗教儀式（2008年）。モンランは、チベット新年の大祭

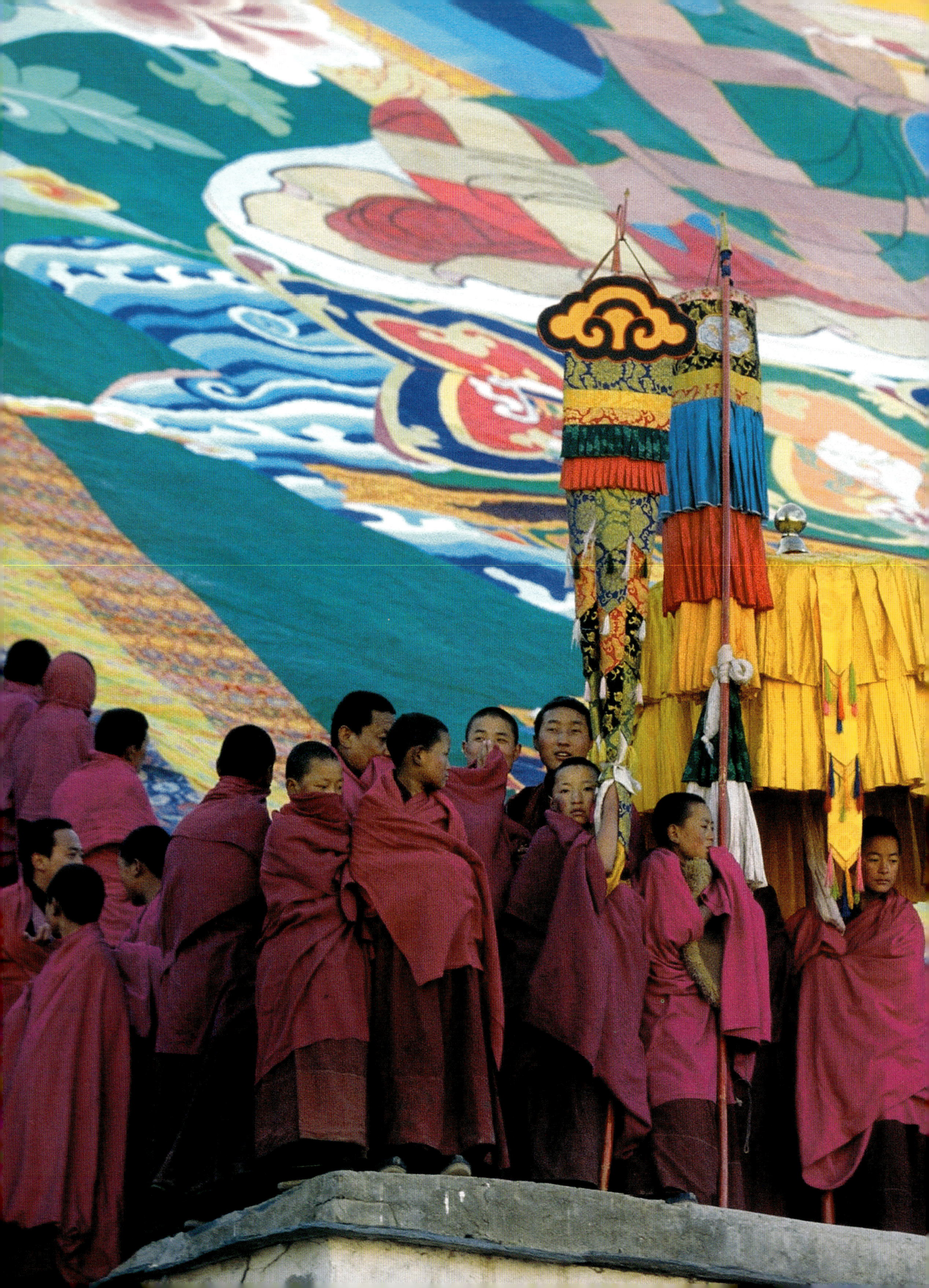

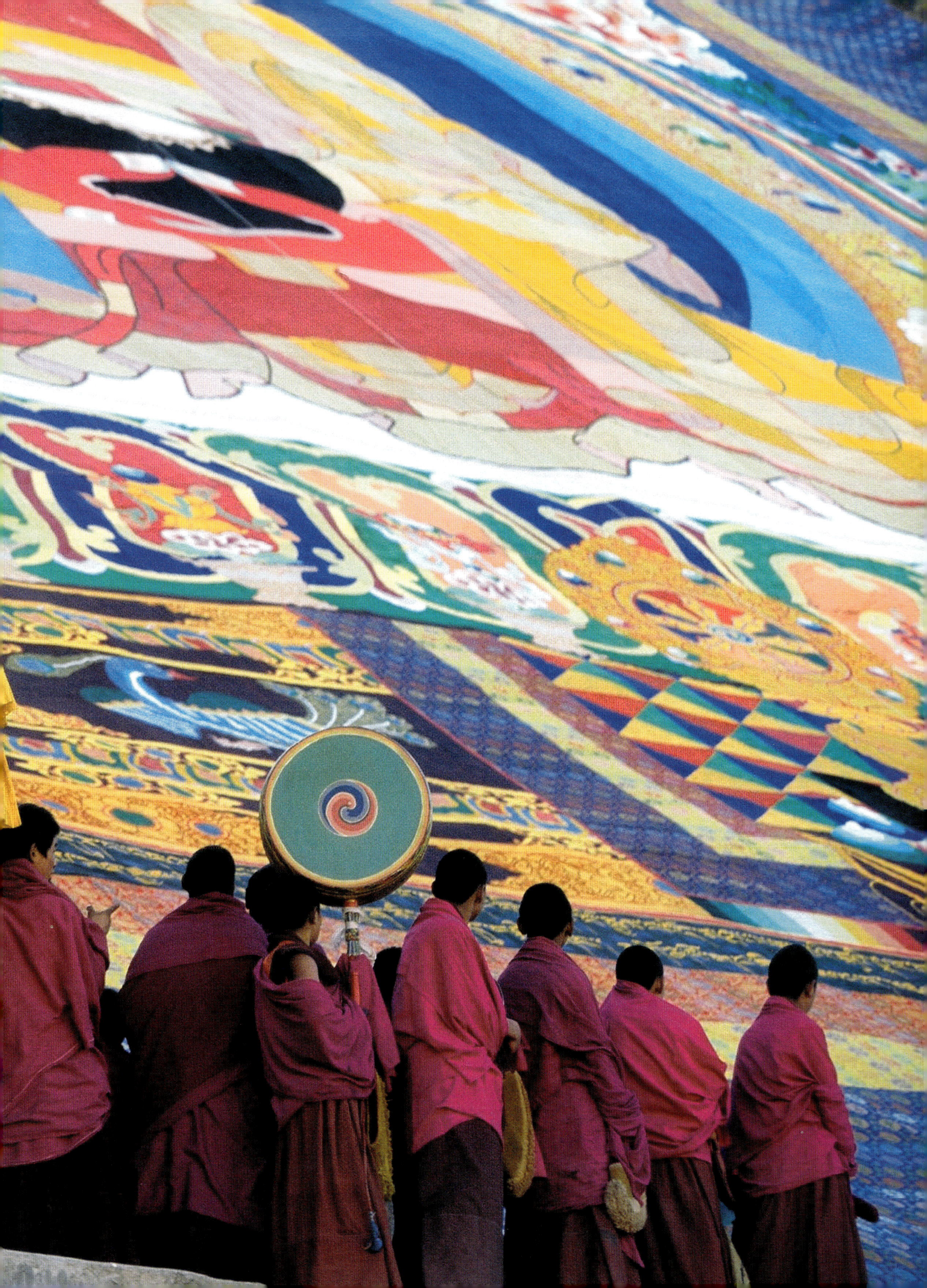

80

多くの中国人にとって、チベットは過去の遺物を楽しむ観光地となりました。しかしながら、中国当局が見せようとするものでなく、自分たちが本当に目にしたものについて語ることができる旅行者もいます。チベットが外の世界から切り離されることは好ましくありません。二級市民の地位に落とされ貧困にあえぐチベット人の現実について情報が収集されるのは大切なことです。

ラサは、主として中国人を対象とした観光、商業の拠点となってしまった。
左：ラサ近郊の平原における中国人観光客
左頁上：ラサ市内で坐り込む貧しい人々
左頁下：生き延びるため、多くのチベット人は占領者たちに奉仕することを余儀なくされている。

4. 亡命チベット人社会

　1960年、ダライ・ラマはダラムサラに流浪の身を落ち着けた。ヒマーチャル・プラデーシュ州ダラムサラはヒマラヤ山脈西部の山間に隠れる小さな村だ。標高2,000メートルのこの集落はチベット人にはそこはかとなく故郷をしのばせるものがあるものの、この世の果てのようにすべてから遠く隔たっている。何といっても首都デリーは遥かに遠い。ダラムサラは二つある。まず山腹にひとつ、そこからさらに登ったところにもうひとつ。後者が「インドの小ラサ」と呼ばれるマクロード・ガンジだ。

　インド亜大陸が統一国家を成していなかった19世紀初頭、宗主国英国の官僚は涼を求めてダラムサラにやって来た。ここは起源がベーダ時代にさかのぼる村で、半裸体の行者が瞑想しながら生涯を過ごした場所だ。ヒマラヤ杉の森にはいまだジャッカルや豹が出没していたが、英国官僚はここに典型的な英国の風景を再現させることに成功した。教会、墓地、マホガニー材の調度を配したクラブ、インド更紗で飾られたコテッジ、グリーンピースが植えられた野菜畑、絹の頭巾の下から赤い髪と白い頬をのぞかせた婦人がティーローズの手入れをする庭。1905年、マクロード・ガンジは地震によって破壊され、英国人居留者はシムラーに避難した。避難を拒んだのは、数世代にわたってここに住むゾロアスター教徒のナウロジー一族とその他少数の人々だけだった。ダライ・ラマの落ち着き先を探していたネルーに対してナウロジー一族から申し出があり、その好意によりマクロード・ガンジがチベット人居留区として提供されることになった。1960年5月、地震でも倒壊しなかった「スバルク・アシュラム（天の遁世所）」がダライ・ラマの住まいとして提供された。ダラムサラはインドでも最も雨量の多いところだというのに、この建物は雨漏りがした。ダライ・ラマは寝台の周りにバケツを三つ置いて寝なければならなかった。ダライ・ラマ本人はこうした不便を厭わなかったが、大切なご主人様の日常に過敏なまでに気を使う侍従や高官は恐慌をきたした。このような生活環境の中で、儀典に従うことはほとんど不可能といえるほど難しくなった。しかし、ダライ・ラマは環境の激変に全く動じなかった。「それまで我々は儀典にこだわり過ぎていました。話すことや息をすることさえ自由ではありませんでした。私は以前から儀典が嫌いでした。環境の変化が変革のチャンスになったのです。また宗教をより深く理解することもできました。例えば、すべては無常であるということを」

　ダライ・ラマは亡命政府を樹立したが、ネルーはこれを承認することを拒んだ。ネルーはダライ・ラマを宗教指導者として受け入れたのであり、政治指導者として受け入れたのではなかったからだ。しかし、中国が「我々はチベットを隷属と帝国主義から解放した」と宣言した時、ネルーはインド議会に問うた。「いったい何からの解放なのか？　私にはわからない」

　ダライ・ラマは何よりもまず国際団体の支援と、1950年にシッキムに移した自らの財産の一部を用いて難民を助けることに力を尽くした。チベット難民は10万人に達しようとしていた。彼らは、国境越えのためブローカーに金を払い、無一物でインドに辿り着く。ダライ・ラマはインドに点在するチベット人居留地を訪ね歩いた。北部地方では、何千人ものチ

ダライ・ラマの妹ジェツン・ペマ（ダラムサラで）

ベット人が急斜面に道を作るため厳しい環境の中で労働していた。僧侶、高官、農民、婦人、子どもが照りつける太陽の下で土中の石を砕き、夜は狭いテントの中で15人、20人と折り重なって眠る。南部のマイソール地区はインドで最も土壌が痩せている。この地区のバイラクッペに居留するチベット難民は、結核をはじめチベットでは知られていない病気に罹ったり、栄養失調に陥ったりした。この地の暑さと湿気は格別だ。乾燥した涼しい気候に慣れている居留民は自ら開墾した畑で倒れ、数百人が命を落とした。

　ダライ・ラマはまた、「おばあさま」と皆に呼ばれる実母の助けを借りてチベット子ども村を作った。世界最大の子ども村だ。この村に住む子どものすべてが孤児というわけではない。真にチベット的な教育を受けさせるため、両親が子どもをここに送るケースもある。

　ダライ・ラマは、失われた祖国を取り戻すため主要な施設を再建した。仏教論理大学、チベット舞台芸術研究所（Tipa）、チベットオペラ学校、ガンジャン（天候を支配する力を持つとされる呪術師）と国事神託官の制度。また、宗教文化を保持するため、カルナータカ州にガンデン僧院、セラ僧院、デプン僧院を再建した。昔日の威容は望むべくもな

いが、いずれも由緒ある僧院だ。こうした活動を支えているのはダライ・ラマの兄弟姉妹だ。ダライ・ラマ13世は、後継者が使命を果たしやすいよう「何人にも分かれて」転生すると予言していた。14世の一族は男子転生者3名を数え、女性の献身にも並々ならぬものがある。

だが、こうした中でも淡々と続けなければならない日常生活というものがある。そうした日常の中で、ダライ・ラマは鹿を飼い慣らし、病んだ動物を引き取って世話し、吠え癖のある気の荒い犬を育てている。大型のラサアプソ犬サンギェもその一頭だ。この犬は前世で僧侶だったに違いない、おそらく文化大革命の最中に餓死した僧侶の一人だろう、とダライ・ラマは言う。茂みの中で見つけた子猫も引き取った。傷つき苦しんでいた猫を居館に連れ帰り、リンチェン・ラトナ・サンペルを1錠与えた。金、貴石、珊瑚、解毒した水銀など70種の成分からなる薬だ。1週間後、猫は庭を跳ね回った。

ダライ・ラマは鳥にも餌を与える。特に可愛がっているのは雀だ。雀には同志愛の強さを感じる。雀はおのおの自分の取るべきものだけを取って飛び去る。ダラムサラの鳥はダライ・ラマの庭が好きだ。彼は鳥に恐怖心を起こさせない。
「私はすべての生き物を近しく感じ、動物には深く心を動かされます。例えば蝶などはなかなか面白い。彼らは特定の場所の特定の葉の上にまとめて30個、40個と卵を産みつけます。やがて卵は割れ、毛虫が這い出してきます。無防備に、何の保護もなく。この小さな昆虫は統制のとれた軍隊のように一団を成し、やがてはそれぞれ別の方向に何の目的もなく去ってゆきます。この様子を見ていて私はいつも悲しくなります。これに比べると蜂の人生は楽しい。蜂はコロニーのように集団で働きます。彼らは責任感をもって働き、人間より優れた組織を作っています。彼らには宗教もモラルも法律も警察も何もありません！　ただ信念と誠実さをもって自らの義務を果たしています。我々仏教徒は常に自らを生き物の中で最も低いものと考えています。ある面では、私は自分が動物より遥かに劣っているといつも思います。だから私は動物に対して深い敬意を払います」

ダライ・ラマは、チャンスがあればすかさずボディガードに雪玉をぶつけるし、卓球やバドミントンで大臣を負かして喜ぶ。側近らは、「幾たびも転生し、永遠に近い年月を生きてきた偉大なラマがいったいどうしてこうも子どもっぽいのだろうか」といぶかる。ダライ・ラマは英語を勉強しなおし、ほぼ正しく話せるようになったが、アクセントはやや派手だ。挫折しかけた側近にしばしば言う。「喜びには苦しみが伴うものだということを忘れてはいけません」。ダライ・ラマは午前3時半には起床する。起床時間はどこにいようと変わらない。そして、青銅の大仏の前で五体投地を108回した後、「一人の例外もなく、全人類のために」祈る。そして結跏趺坐し、半眼になって、空、無常、万物の流転、因果の法、そして死について瞑想する。

午前6時前後、ダラムサラが目覚め、婦人たちが編み髪に赤いリボンを結び、冷たい水を勢いよく流して子どもの体を洗う頃、ダライ・ラマは、BBC、オール・インディア・ラジオ、ボイス・オブ・アメリカを聴きながらパンやツァンパの朝食を摂り、茶を飲む。午前中はチベット関連の仕事に充てる。亡命民主政府は、議会、カシャック（内閣）および七つの省から成る。チベットでは不要だった厚生省も設けられている。チベットの天候は澄み切っているため、人の発病は稀だった。このささやかな行政組織を支えるため、難民は各自毎月1ルピーの税金を支払う。ダライ・ラマは野党の結成を強く勧奨している。共産党も可能だという。過去に共産党は存在したが、除名合戦を繰り返し、互いに偏向を批判し合っているうちに党員が減少し、消滅した。正午、ダライ・ラマは聖典を読みながら一人きりで昼食を摂る。彼はダライ・ラマであり、チベットの人々から仏陀とみなされているものの、引き続き学び、精神の師から教えを受ける。師の一人で高齢の卓越したラマであるトゥルシク・リンポチェの前では、ダライ・ラマは身を縮め、ひれ伏し、小蠅よりもなお謙虚に振る舞う。午後は、抵抗活動家、著名人、科学者、解放運動の闘士、億万長者、そして貧者の中の貧者であるチベット人を引見する。祖国を逃れてきたチベット人は、襤褸をまとい、

居館でのダライ・ラマ（ダラムサラで、1979年）

跪いて啜り泣き、目を上げてダライ・ラマを直視することもできない。ダライ・ラマは彼らに耳を傾け、彼らの魂と心を見通し、時として涙を隠すために顔をそむける。

1973年以降、ダライ・ラマは説法のため、またチベット問題に関する国際世論を喚起するために世界を旅している。会議に参加し、講話を行い、記者会見を開く。初めてフランスを訪れた時、数人のチベット学者（チベトローグ）の招きを受け、4時間にわたって自らの祖国の歴史について講義を聴いた。事細かな講義の後、ダライ・ラマは陪席していた高位のラマの方をこっそり振り向いて質問した。「リンポチェよ、"チベトローグ"とは何ですか？」

　ダライ・ラマは地震のため何度か居を移している。耐震基準に従って建てられた現在の居館がたいそうご自慢だ。そこにはパラボラアンテナが取りつけられ、中国とロシアのテレビを受信することができる。山の頂きに囲まれた神々の谷カングラがいまだ夜明けの霧に覆われている頃、テラスに立つと、あたかも海がせり上がってくるかのように見える。下方で砕けた波が灼熱のインドの上にゆっくりと立ち昇り、版画のような木々を浸してゆく。夜明けの光がチベット国境を隠し、ダライ・ラマは窓辺に立ってしばし永遠を見つめる。年月だけが過ぎ、世界は何も——あるいはほとんど何も知らない。あの高地では迫害された人々が今も戦っている、彼らなりの方法で。祈りと投石と、決して屈服しない人々に時として絶望が与えるほとんど超自然的な生命力によって。彼らには命に代えても手に入れたい自由がある。ダライ・ラマは今も一人の謙虚な仏教僧侶としてこの時を生き、夜明けに起床して聖なるものに語りかけ、日が落ちれば無窮について瞑想し、そして人々に会うために飛行機に乗る。

　ダライ・ラマは自分を世界市民にしてくれた中国に感謝している。おかげで彼は「最も有名なダライ・ラマ、BBCのインタビューに応じた最初のダライ・ラマ、最も有用であると同時に最も悲しいダライ・ラマ」となった。彼が外国を訪問するたび、中国は経済制裁を振りかざして訪問先の国を恫喝し、査証の発給を拒むよう圧力をかける。「しかし、中国はいつまでも国際社会から孤立していることはできません。国際社会の全メンバーは、中国を民主主義に導き、中国国民が内戦によって多大な苦しみを味わうことを未然に防ぐために支援を行う道義的責任を負っています。欧米が人権侵害に目をつぶって中国とビジネスを続ければ、問題が解決する可能性はありません。長年にわたり文化的虐殺と組織的な人権侵害に苦しんでいるチベットの人々を支援することも国際社会の責任です。これには二つの理由があります。まず、インドと中国に挟まれているチベットは、地政学的に極めて特殊です。チベットの解放と非武装化は、国境を共有し、極めて強い緊張関係にある両国の間に和平プロセスの端緒を開くことになるはずです。また、チベット文化はユニークであるばかりでなく、善良さと内的平和を育む力を持っているという点で、全人類にとって有益であり得ます。長い目で見ればチベット文化は中国をも助けることができます。なぜなら、共産主義は中国文明を破壊し、代わりに何ももたらさなかったからです。文化の保全は必須ですが、それが全人類に利益をもたらす文化であればなおさらです。紛争の解決は根底において精神的なものです。内的な武装が解除されれば、外的な武装も自ずと解除されます」

　ダライ・ラマがほとんど毎年、地球上の各地で世界平和のためのカーラチャクラ灌頂（かんじょう）を行うのも、ひとつはこうした信念からだ。カーラチャクラ灌頂は至上のタントラであるアヌッタラヨガに属する。釈迦牟尼仏によって初めて説かれたものだが、非常に難解で大多数の人間にとって理解不能だ。準備が整っている者は、この灌頂を受けることによってある種の精神的資質を発展させる能力を身につけ、心の静けさを得て、自分自身だけでなく広く世界に利益をもたらす。カーラチャクラ灌頂の伝道者であるダライ・ラマは、いつの日か北京の天安門で、彼が「敵」ではなく「兄弟姉妹」とみなす人々のためにこれを行うことを夢見ている。世界では何十万人もの人々がダライ・ラマに仏陀の教えを乞うている。ダライ・ラマは彼らに、改宗は無意味であり、すでに宗教を持っているのであればその宗教にとどまった方がよいと助言する。仏教は非常に近代的で現実に即した宗教であり、精神が死滅しない限り近代的かつ現実的であり続けるだろう。だから仏

タントラ灌頂の準備

教はすべての人に有益な教えであり得るが、これを深く実践し、学習することは必ずしもすべての人に適していない。ダライ・ラマは言う。「多様な宗教が存在することは大事です。すべての宗教は根本において同じことを目指し、言葉と体と精神を正しく働かせるための道徳律を教えています。異なる宗教間の連帯は不可能なことではなく、むしろ、世界の現状に照らせば今こそその重要性が高まっています。信仰者の連帯は信仰を持たない人々にも利益をもたらします。なぜなら、その強い光、一体感の回復が彼らを無知から解き放ち、苦しみの源を断つからです。精神修養によって得られる喜びにまさる喜びはありません。これこそ最大の、本質的に揺るぎない喜びです」。ダライ・ラマは、年々多くなる聴衆を前に情熱を込めて、しかも茶目っ気も交えて教えを説く。聴衆の中に理解できていない信奉者が一人でもいることに気づけば、説明しなおし、宝石職人がダイヤモンドをカットするように言葉を彫啄する。ダライ・ラマは全聴衆に語りかけるが、その言葉は一人ひとりに捧げられる供物だ。時に聴衆はダライ・ラマに質問する機会を与えられる。ある日、一人の参列者が質問した。「すべての人が成仏したらどうなりますか」。ダライ・ラマは身をよじって笑いながら答えた。「お祭りです！」

1989年10月5日、カリフォルニア時間の未明、オスロのノーベル賞選考委員会はダライ・ラマ法王へのノーベル平和賞授賞が決まったことを電話で伝えてきた。この時、ダライ・ラマは瞑想中だった。僧侶の祈りを妨げてはならない。3時間後にダライ・ラマは眼鏡をかけ、緋色の衣を払い、平和のための自らの戦いが報われたことを知った。ダライ・ラマはただ微笑み、最初に口にしたのは、有力候補とみなされていたチェコスロバキアの2人の反体制活動家と、天安門広場の学生たちのことだった。

2000年1月5日、一人の少年がダラムサラに現れた。14歳という年齢からは考えられないほど成熟している。カルマパ17世ウゲン・ティンレ・ドルジェは、カギュー派の長であり、チベット第3番目の宗教的権威だ。カルマパ17世は聖地インドに合流するため雪の国を脱出してきた。1999年12月28日、常に中国の監視下にあった囚われの王子は、「短期間、隠棲の修行をする」と言って見張りを欺き、ラサからほど近い高地の谷ドロウォルンのツルプ僧院を出た。謙虚で重々しく、控え目なカルマパ17世の態度を中国人は従順と解釈していたのだ。カルマパ17世はダライ・ラマに会見を求め、ダライ・ラマはすべての予定をキャンセルして彼を迎えた。カルマパ16世は1981年にシカゴで死亡したが、それは驚くべき死だった。米国の医師はこの高僧の死因を特定することができなかった。16世は11月5日に瞑想の姿勢で息絶え、医師団が驚いたことに、5日間そのままの姿勢を保っていた。16世は、自分の後継者をどのように探し出すべきかを指示する書簡を残

していた。ウゲン・ティンレ・ドルジェは普通の子どもではなかった。彼は1985年6月26日生まれであるが、その少し前、チベットでは誰も見たことのないような奇妙な鳥が両親の家の屋根に止まり、長いこと祈りのような鳴き声をあげていた。やがて、何週間も雨が降っていなかった谷に二重の虹が現れ、一家のパオ（遊牧民のテント）の上に何日もとどまっていた。1992年、ダライ・ラマは正式にカルマパ17世を承認したが、同時に北京も共産中国史上初めて転生を公式に認めた。中国の目的は、この子どもをツルプ僧院に祭り上げ、共産主義教育を施して共産党の意のままに操り、中国の最も危険な敵である平和主義者ダライ・ラマとの戦いの武器とすることにあった。1994年以降、若きカルマパは何度か北京を訪れることをいわば強制され、江沢民や「偽りの」パンチェン・ラマと会見した。しかし、カルマパ17世はこのパンチェン・ラマの前に平伏することを拒んだ。カルマパ17世は、幾多の転生を通じて精神的な師と仰ぐタイ・シトゥ・リンポチェと再会し、

カルマパ17世ウゲン・ティンレ・ドルジェ

真の教えを受けるためにチベットを逃れてインドに亡命した。ウゲン・ティンレ・ドルジェは言う。「仏陀の最も大切な教えは大慈悲です。しかし、それを実践するためには自由でなければなりません」

当初、チベットから逃れてくる難民は男性だけでしたが、やがて家族全員を連れて大勢が亡命するようになりました。チベットの人々がこのように苦しんでいるのを見て私の心は痛みました。難民は避難先でも絶望と危険に満ち満ちた状況に身を置くことになります。もはや幻想を抱く余地はなくなり、初めて現実との妥協を強いられるのです。

上：米軍機でパタンコット（インド）に到着したチベットの孤児たち。この後、ダラムサラに向かう。
下および右頁下：チベット難民を受け入れるため、ミッサマリ（インド）に建てられた仮設住宅
右頁上：逃避行中のチベット難民

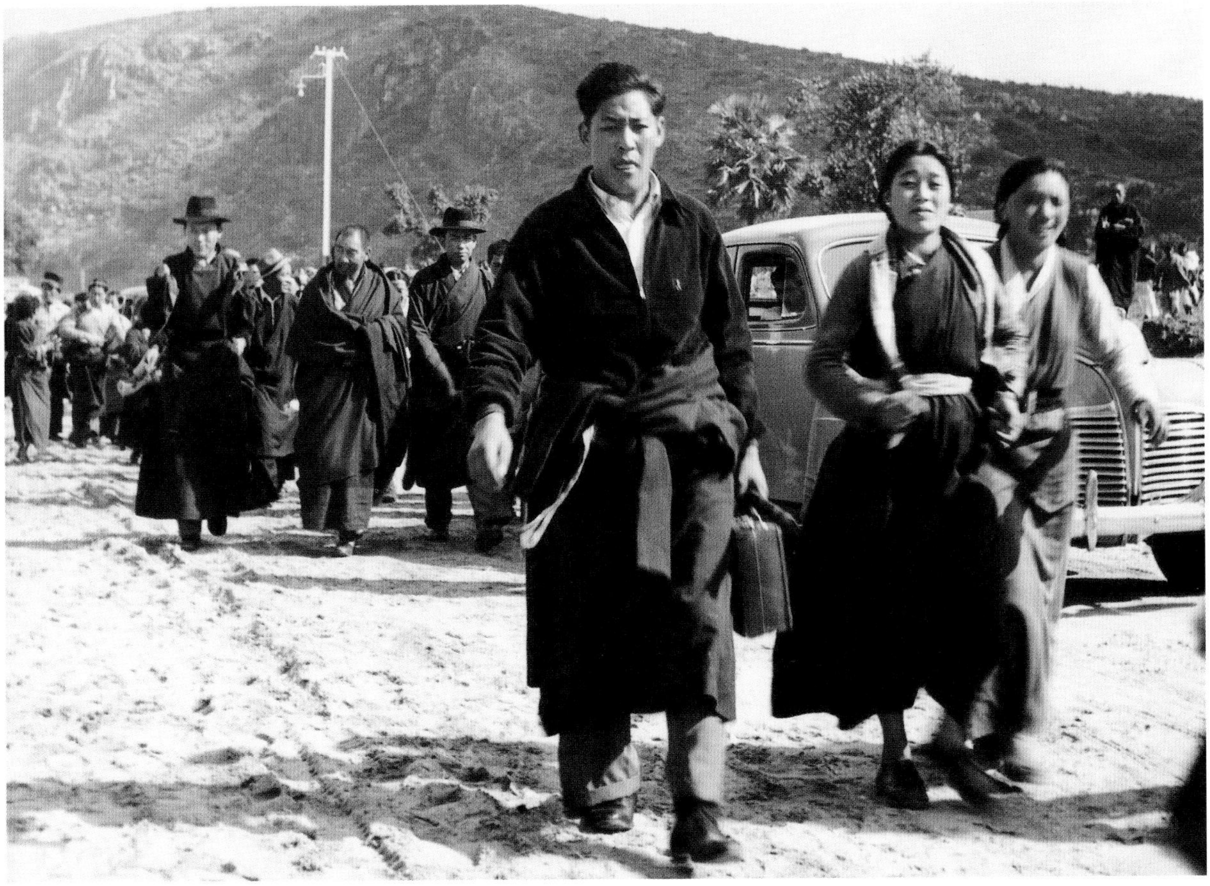

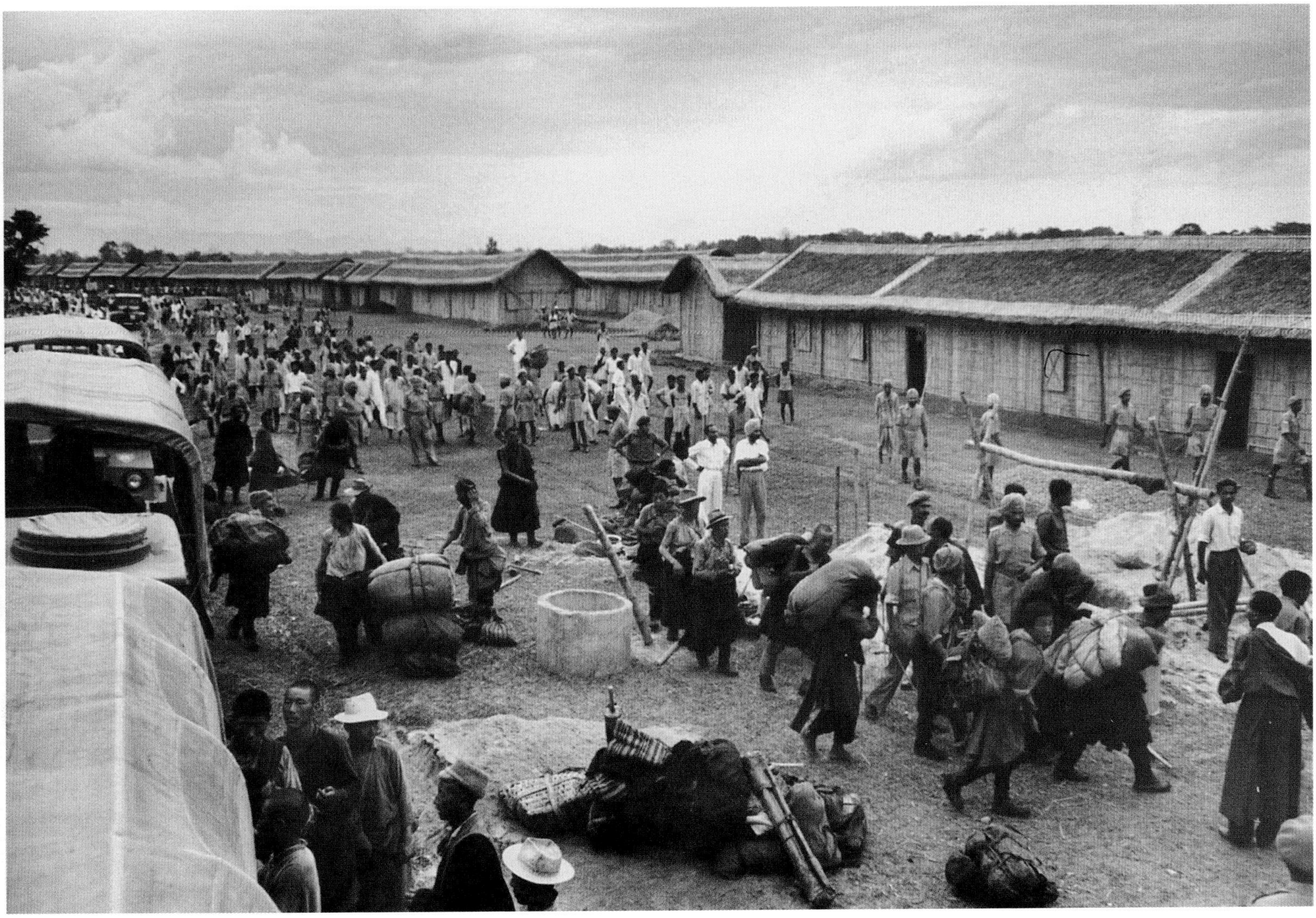

インドの政府と国民がこれほど寛容に我々の亡命共同体を受け入れ、支えてくれなかったなら、また、世界各地のさまざまな団体や個人が我々を援助してくれなかったなら、今日チベットという国はただの砕け散った断片となっていたでしょう。我々の文化、我々の宗教、我々国民のアイデンティティは完全に消滅していたに違いありません。

上：中国のチベット占領に抗議するデモ（ニューデリーで）
右：中印戦争
左頁上：インド首相ジャワハルラル・ネルーとダライ・ラマ
左頁左下：ダライ・ラマとインディラ・ガンジー（インド首相、ネルーの娘）
左頁右下：レセプションでウッタル・プラデーシュ州知事B.N.ダスと談笑するダライ・ラマ（ニューデリーで）

上：亡命地インドで道路を建設するチベット難民（1960年代）
下：南インドの畑で働くチベット人
右頁上：マイソールに難民居留区を建設するに先立ち、南インドを視察するダライ・ラマ
右頁下：クルマナーリ（インド）で難民の子どもたちに囲まれるダライ・ラマ

インド政府がダラムサラを私の落ち着き先に決めた時、私は自分が世界から隔離されるのではないかと思いました。ダラムサラは首都からあまりに遠い。

　苦境に押しひしがれそうになっていた時、私は数多くのチベット人が懸命に道路を建設する光景を見ました。

　インドに着いて2週間後、私は最初の孤児院を開くことができました。管理は姉のツェリン・ドルマに頼みました。狭いスペースに何とか50人の子どもを受け入れましたが、その年の暮れには子どもの数は3倍になりました。私たちの慰めとなったのは孤児たちの明るさでした。

チベット難民は、1963年に私が発布した憲法に基づいて民主的な権利を完全に行使しています。

　大変な努力の末、私たちは入手し得る限りの文献を収集、保存、公開しました。また、仏教の学習と修行のためのセンターも設立されました。

上：チベット亡命政府の閣議（ダラムサラで）
下：ダラムサラのサイバーカフェ
右頁上：図書室で写本を修復するチベット僧。中国の侵略を受けた時、これらの非常に古い写本は僧侶の手で持ち出された。
右頁下：チベット難民の住居の内部（ダラムサラで）

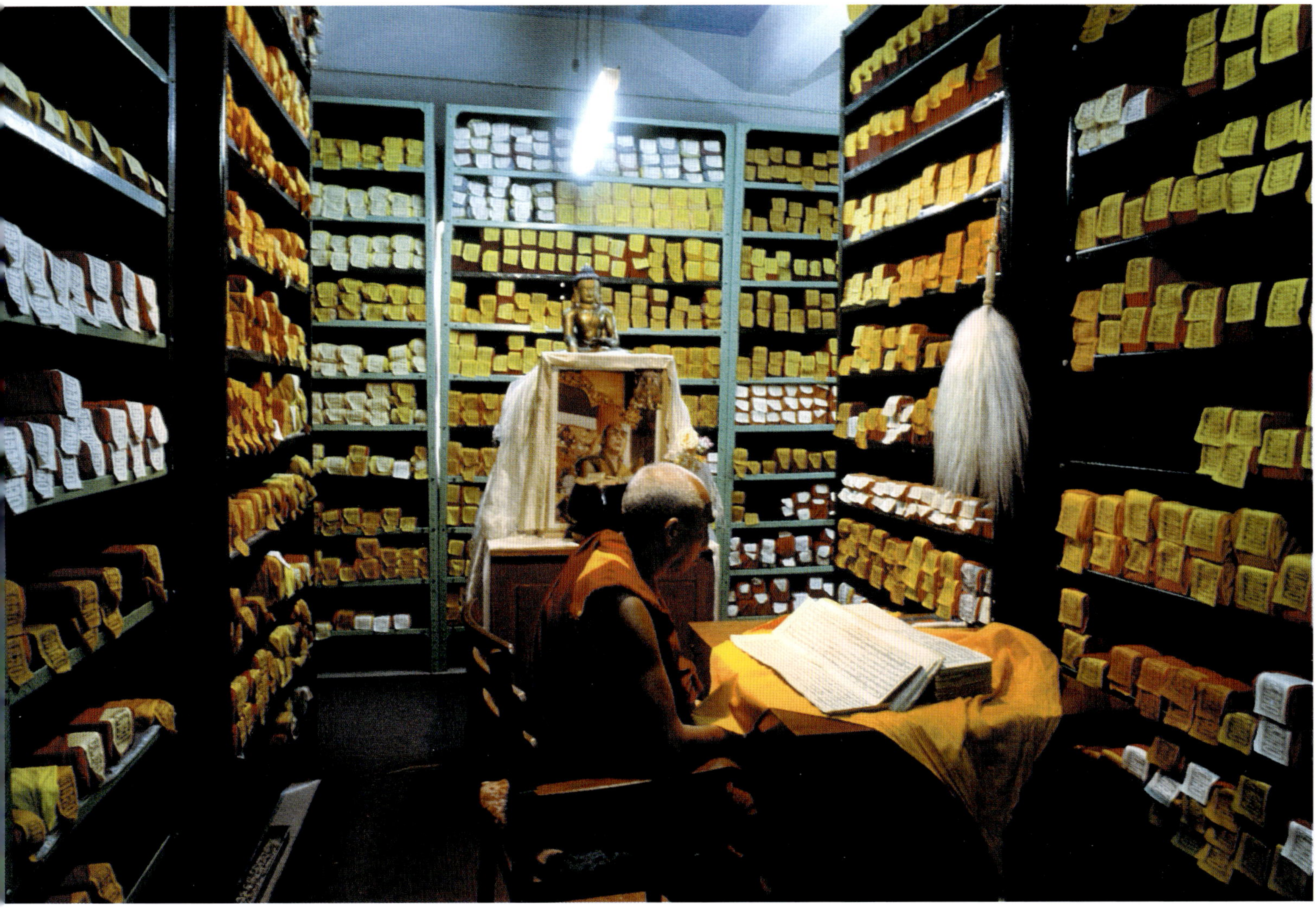

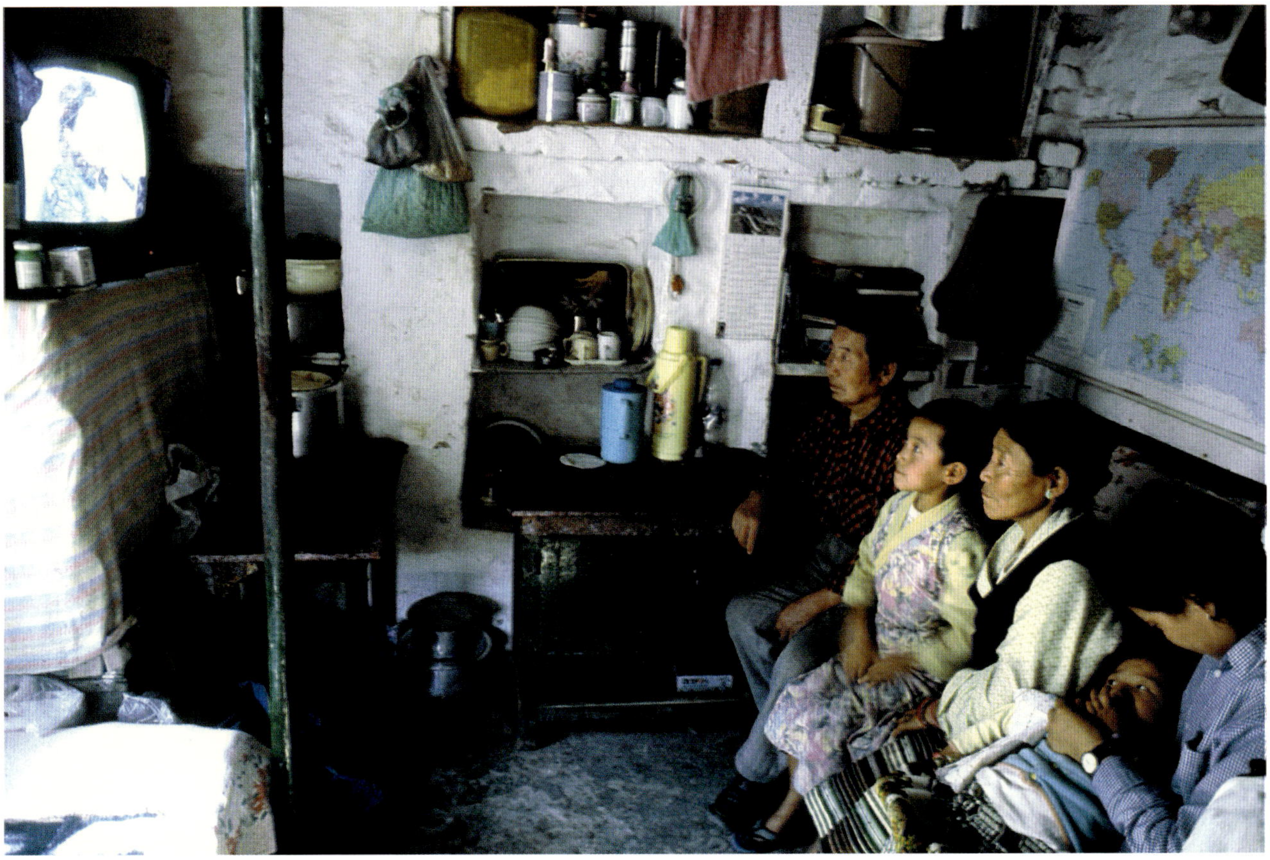

教義問答は、チベット僧院で行われる学習の中でも特異で基本的な分野です。この問答は哲学と経典に関する深い知識に基づいて行われます。問答者は論点の一つひとつを、両手を使った決然とした身振りによって強調します。これは、問答の相手を圧倒するためでもあり、論理の筋道を外さないよう自らの注意力を高めるためでもあります。

左（上中下）：教義問答を実践する若いチベット僧たち（ダラムサラで）
右頁上：カルマパが居住するダラムサラ近郊ギュト僧院の祈祷室
右頁下：バターランプにバターを注ぐ寺僧

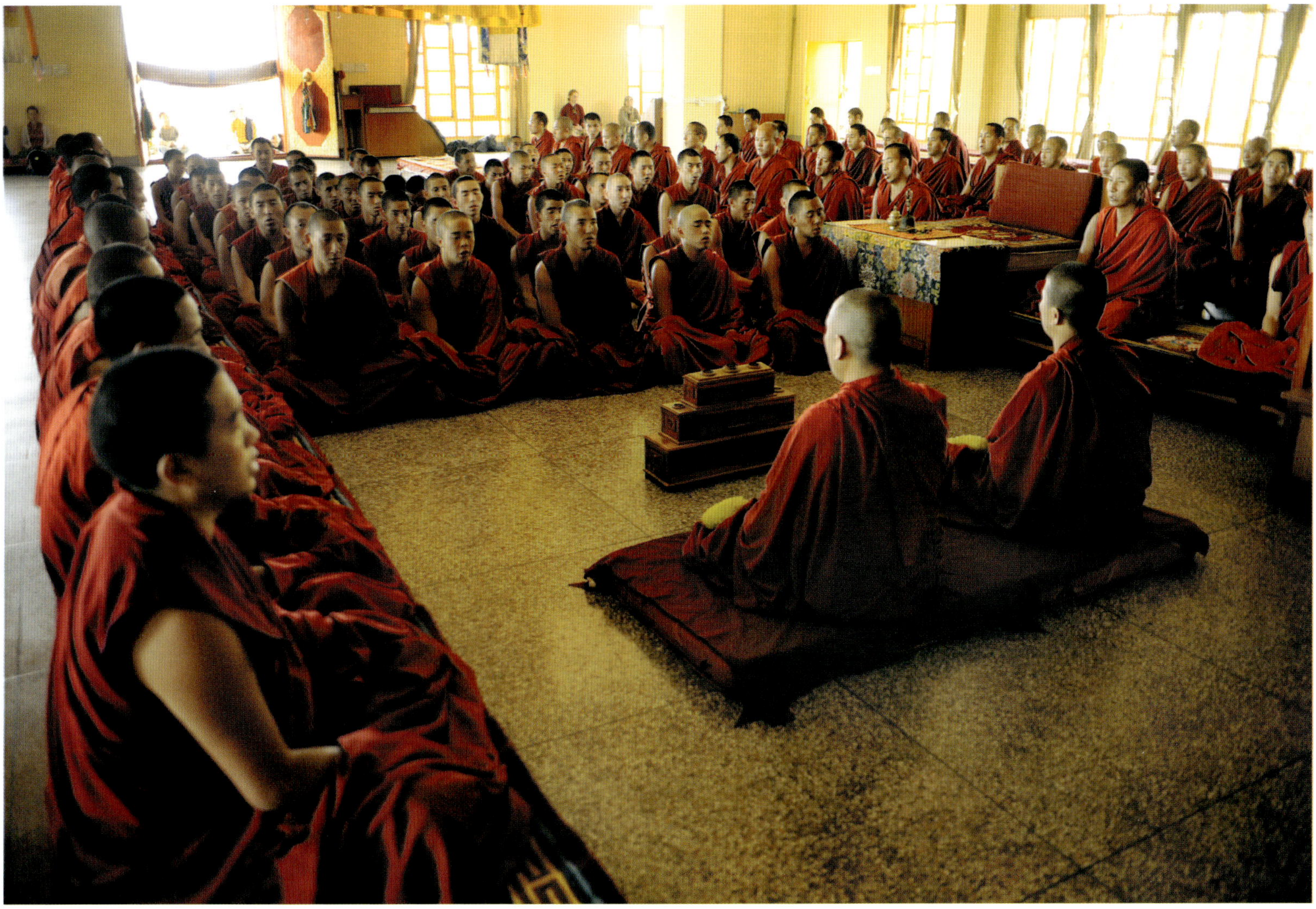

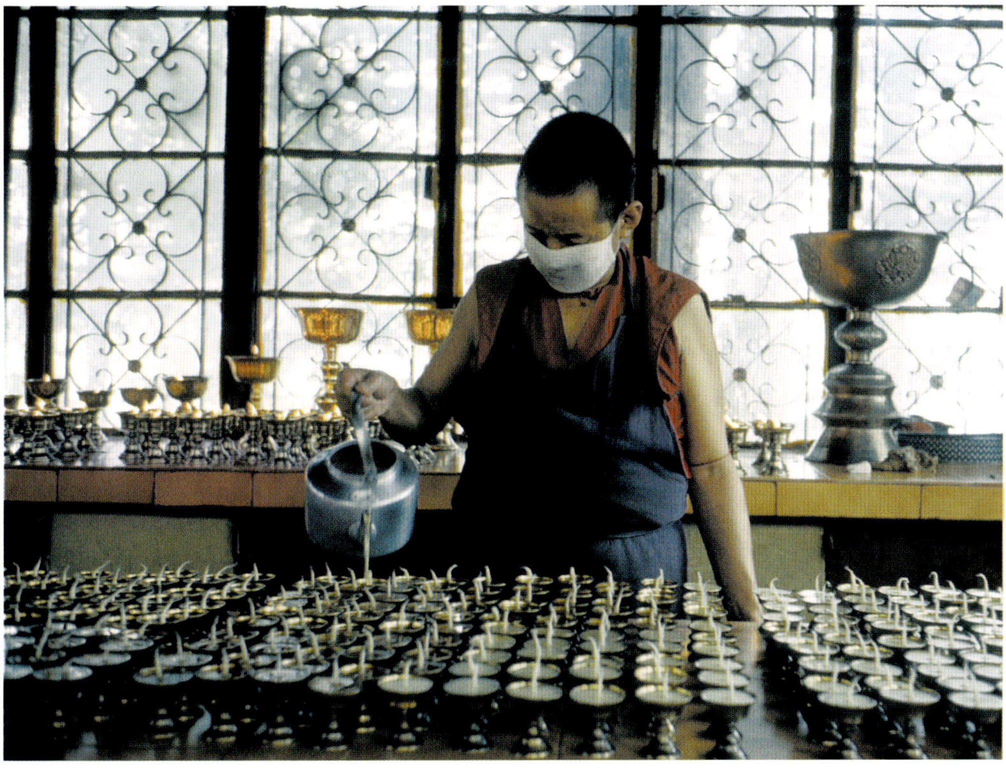

上：ダラムサラで各国の記者と会見するダライ・ラマ（2008年3月18日）
右頁：スイスのチューリッヒで講話するダライ・ラマ（2005年）

　どんな人も、たとえそれが敵意のある人であっても、私と同じように苦痛を恐れ、幸福を求める生き物です。どんな人も、苦痛を免れ、幸福を手にする権利を持っています。そのように考えれば、友人であれ敵であれ、他人の幸福は自分自身に深く関わる問題であることがわかります。これが真の慈悲の基盤です。真の慈悲は相手の態度によって変わるものではありません。自分に良くしてくれるからその人のことを気にかけるというのは慈悲ではありません。たとえ自分に対して敵対的であっても、他人は自分と同じように苦痛を恐れ、本性的に幸福を追い求める人間なのです。

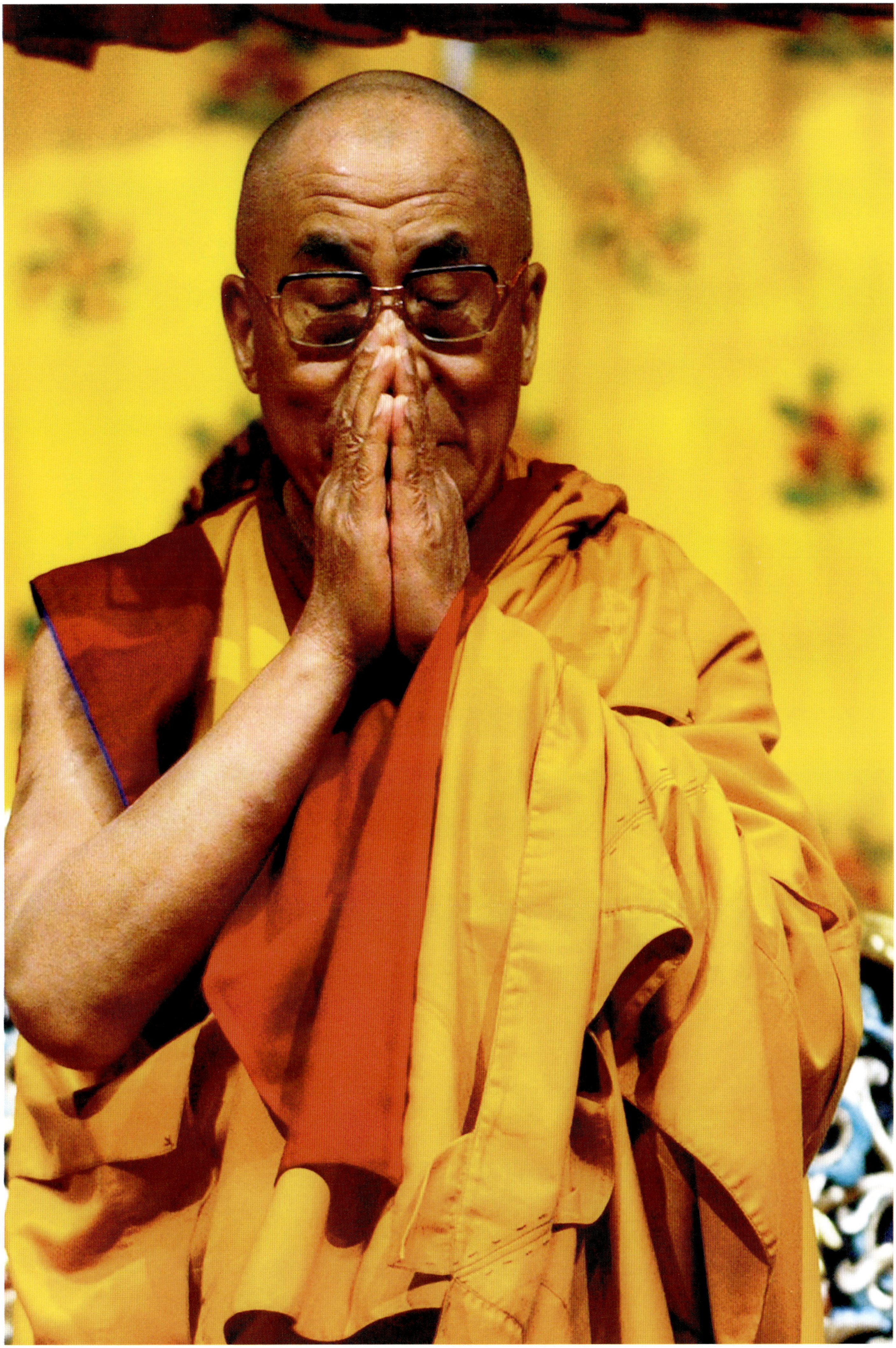

明け方は心がまだ新鮮で、とても生き生きしています。この時間は精神修養に最適です。だから私は世界のどこにいても4時前に起床します。一日のうち少なくとも5時間半は祈りと学習と瞑想に充てています。移動中は食事しながら祈ることもあります。これには三つの理由があります。日々の勤めを果たすこと、時間を建設的に使うこと、そして恐怖を退けることです！

　私は、人が死ぬ時に辿る過程を一日に6回から9回瞑想することを日課としています。これは仏教徒の間ではよく行われている修練ですが、好むと好まざるとにかかわらず誰しも死について考えるべきなのです。考えることを余儀なくされる場合もあります。どのような過程を辿って死に至るのかを学び、準備を整えておくことは大切です。

下および右頁上：ダライ・ラマの一日は仏像の前で五体投地を108回することから始まる。この2枚の写真は、いずれも高名な写真家ジェームズ・ナッチウェイ（下の写真）とアンリ・カルティエ＝ブレッソン（右頁上）が15年の年月を隔てて撮影したもの。
右頁下：自身の寺にて（ダラムサラで）
次頁見開き：ダライ・ラマの居館のメインルーム（ダラムサラで）

99

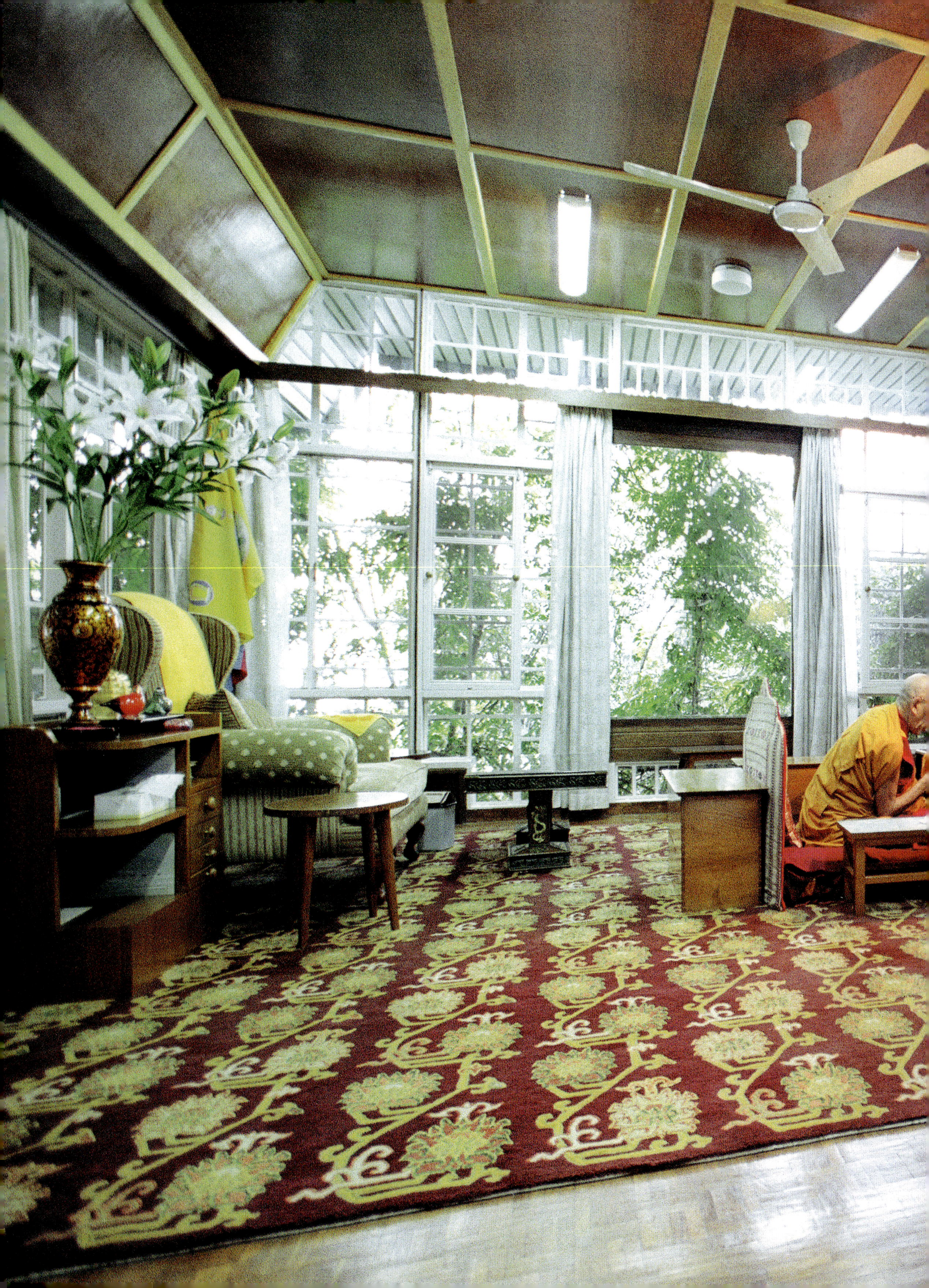

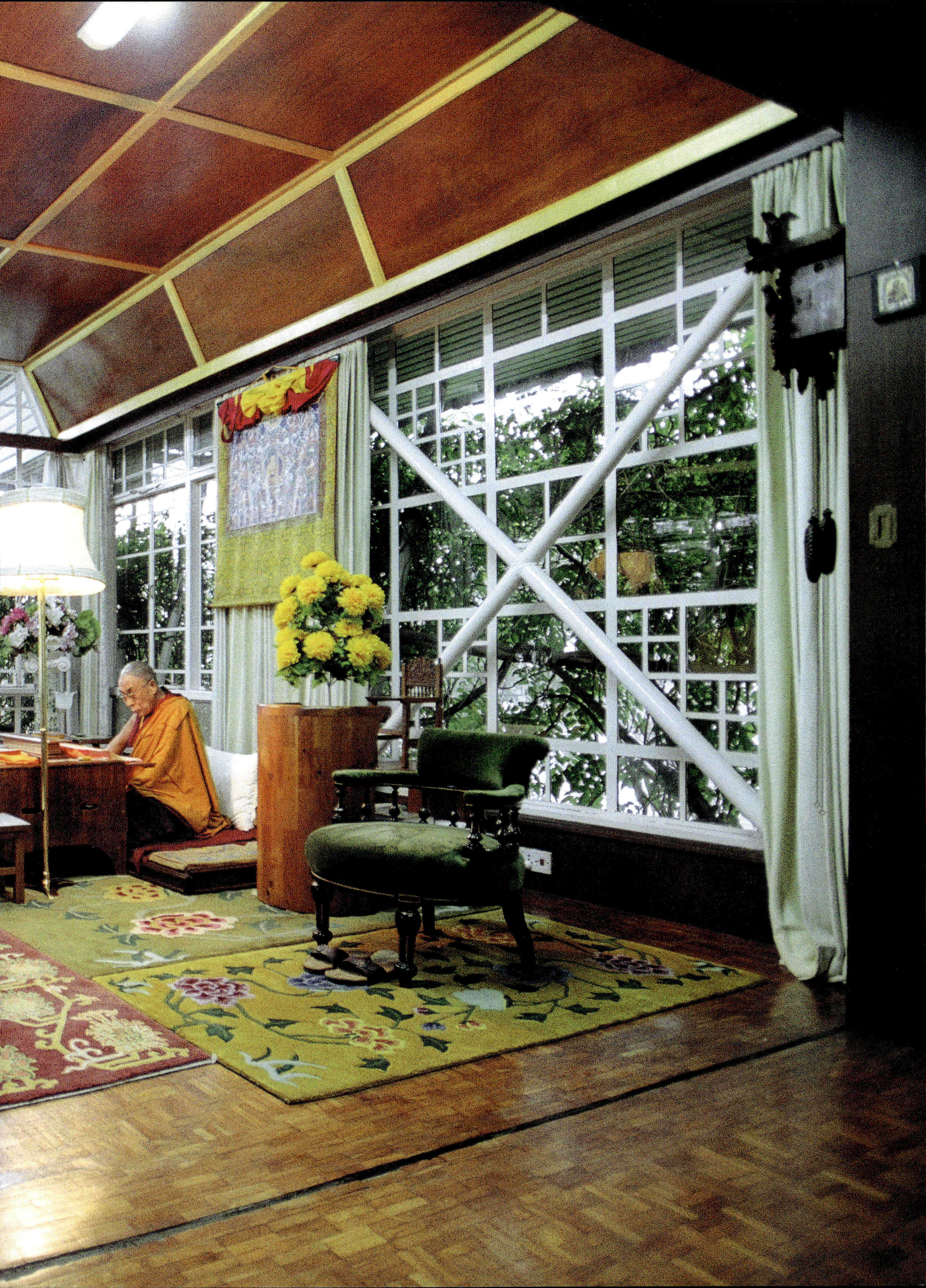

ダラムサラにおけるダライ・ラマの日常
上：経典を読む。
左：ダライ・ラマの趣味は時計や単純な装置などの小機械を修理することだ。この写真ではラジエーターを修理している。
右頁：インド軍の保護下、ボディガードとともに散歩する。

面会の予定がある時は9時に事務室に行きます。そうでなければ経典を読んでいます。過去に学んだ書について記憶を新たにし、チベット仏教のさまざまな宗派に属する偉大な師が残した注釈を掘り下げるのです。そして教義について考え、少し瞑想します。14時頃に昼食です。それから17時まで日常業務を行います。チベット議員、亡命政府の大臣やその他の高官と会ったり、訪問者を迎えたりします。18時頃にお茶をいただきます。お腹が空いている時は仏陀のお許しを得てビスケットを少しつまみます。その後、夕べの祈りを捧げて21時頃に就寝。これが一日で一番快い時間です！　あとは翌朝3時半までぐっすり眠るだけです。

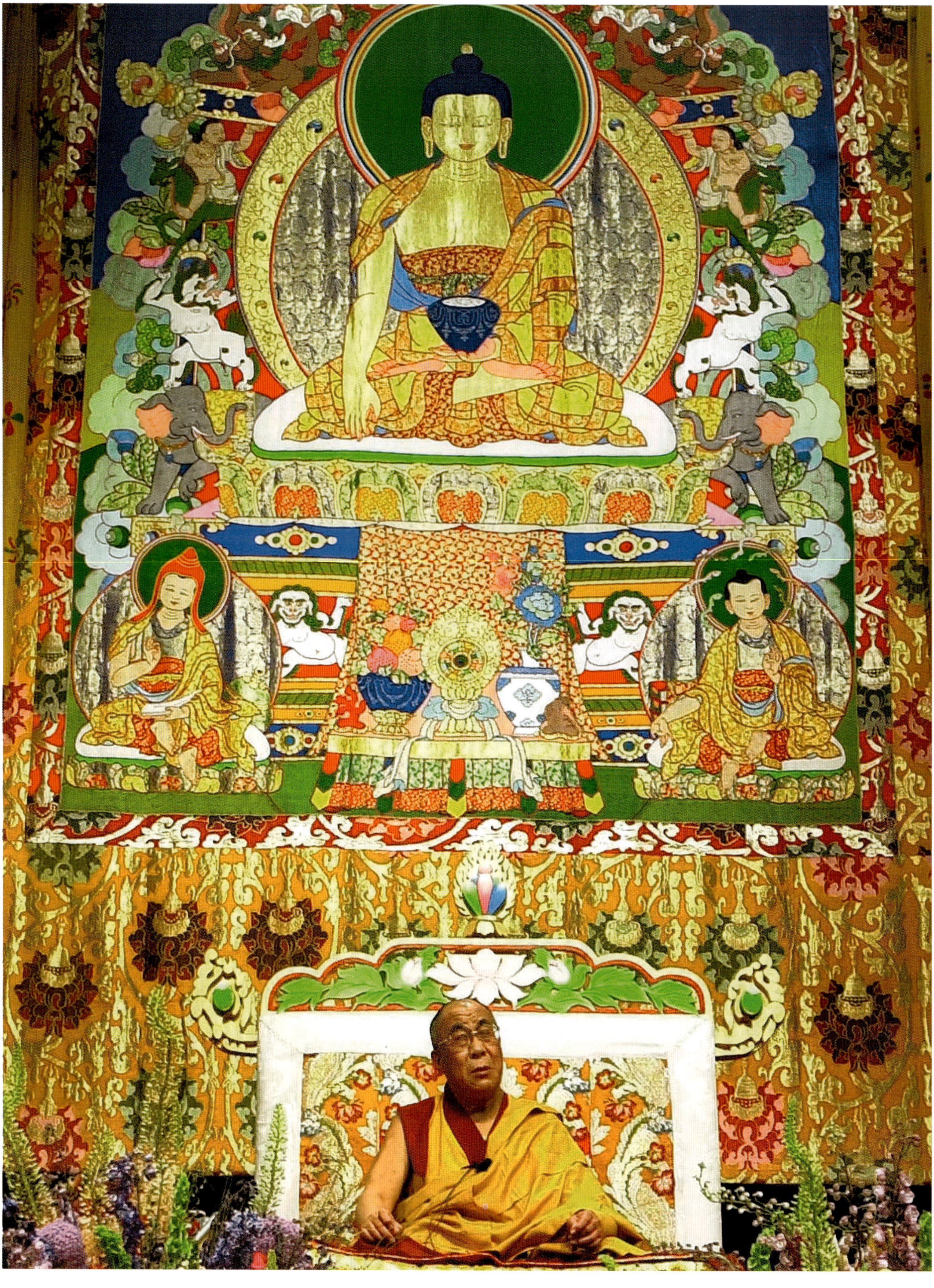

私は1967年に初めてインドの外に出ました。それ以来、中国政府が各国に圧力をかけているにもかかわらず、外国訪問の機会は次第に多くなっています。ほとんどの場合、旅行の目的は宗教指導であって、世界各国に住む仏教徒やチベット人の共同体に招かれての訪問ですが、北京は必ずそこに政治的な意味合いを読もうとします。だから、大多数の政府は中国にからむ利権を失うことを恐れ、公式に私と会見することを断念します。

上：ダライ・ラマとマチュー・リカール（欧州議会にて）
右：1989年12月10日、ダライ・ラマはノーベル平和賞を受賞した。オスロ大学でノルウェー・ノーベル委員会のエギル・アービク委員長の手からノーベル平和賞を受けるダライ・ラマ
左頁：ロサンゼルスにおけるダライ・ラマの講話（2000年）

中国人に悪魔呼ばわりされることをどう思うか、とある人に問われ、私は次のように答えました。「私を『生き神』と呼ぶ人がいます。ばかげたことです。『小さな角が2本生えた悪魔だ』と言う人もいます。それも馬鹿げたことです」

すべての偉大な宗教的伝統が根本において目指しているのは、人間を損なうことではなく、人間を向上させることです。すべての宗教には隣人愛の概念があります。この理想に反する事象が多いのは確かですが。宗教の深い意味を理解もしなければ実践もせず、宗教を旗のように振り回したり金科玉条に変えてしまったりすると、こうした問題が起きるのです。

上：世界宗教者会議に参加するダライ・ラマ（1986年）
イタリアのアッシジでさまざまな宗教の最高指導者が一堂に会した。
右：スイスのバレ州にある「世界一小さな葡萄畑」ファリネでピエール神父と談笑するダライ・ラマ〔訳注：ファリネ葡萄畑で収穫されたブドウから造るワインの売り上げは社会活動に生かされている。ダライ・ラマはさまざまな慈善活動で有名な故ピエール神父からこの畑を引き継いだ〕
左頁上：2003年、パリのベルシー総合体育館の聴衆に語りかけるダライ・ラマ
左頁下：英国における記者会見でのダライ・ラマ（2008年）

エピローグ

　中国人にとって「八」は幸福と健康と繁栄をもたらす縁起の良い数字である。だから、中国が文字通り世界の中心となるためにも北京オリンピックは2008年8月8日の8時8分8秒に開始しなくてはならなかった。

　しかし、2008年は有史以来という大雪で始まった。その後も洪水、国境紛争、鉄道事故、食品による健康被害、と災害が相次いだ。オリンピック開会式の88日前に当たる5月12日、マグニチュード7.9（当初、マグニチュード8と推定された）の大地震がチベットに近い四川省を襲った。中国人にとってこれは不吉な前兆である。中国古来の「天命」思想によると、天は権力を与えるが、撤回もする。そして、地震は中国の皇帝たちの運命を幾度となく左右してきた。毛沢東が死去した1976年にも大地が揺れ動いた。

　四川省地震に先立つ4月の終わり、恩施市（湖北省）では直径100メートルの池の水が大音響とともに渦を巻いて地面に吸い込まれ、天変地異の前兆ではないかと言われた。この池では同じ現象がこれまでに3回起きている。中華人民共和国が誕生した1949年（毛沢東が天安門で建国を宣言）、毛沢東と周恩来が死去した1976年（第一次天安門事件）、そして「北京の春（第二次天安門事件）」の1989年である。

　チベットの人々は1959年の蜂起を記念してラサの聖地バルコールで平和的にデモを行い、中国の圧政に抗議してきた。ラサの住民たちの怒りは毎年、高まっていった。

　北京オリンピックが開催される2008年は虐げられたチベットの声を国際社会に届けて支援を求める最後のチャンスであった。五輪聖火は3月25日のオリンピア出発以来、厳重な警備にもかかわらず各地でチベット支持者たちによって進路が阻まれ、大きなトラブルが予想されるルートは回避された。

　3月14日、2人のチベット僧が中国警察によって暴行を受けたことから、チベット人の怒りが爆発し、中国人経営の店舗に火がつけられた。群衆に石を投げられた兵士たちは催涙弾と放水で反撃した。軍のトラックが炎上した。

　一方、僧侶に変装した漢人や中国寄りのチベット僧たちが憎しみを焚きつけ挑発する密命を帯びてデモ隊に紛れ込んだ。ついには戦車が市内に進入し、民衆に向かっての発砲も始まった。

　夜になると、中国兵士たちが家々の扉を破って入り、男も女も子どもも連行した。彼らの行き先は不明である。血塗れの弾圧の証拠隠滅のため、死骸は家族のもとから持ち去られた。

　騒乱はカムやアムドのほか、甘粛や四川といったチベット人が居住する中国の各省にも広がった。一方、なぜか紅衛兵に似ている野蛮で残虐なギャング団が僻地で暗躍し、遊牧民や農民たちを襲った。人々は至近距離から撃たれて死んだ。ラマたちの努力もチベットの人々の怒りを抑え難くなった。

　中国当局の鉄の検閲をもってしても騒乱の映像や写真の流出を抑えることができなくなると、四川と甘粛で電気が止められた。携帯電話の充電を阻止するためである。中国のテレビは中国人を襲うチベット人たちの映像を流し続けたが、中国兵がチベット人に暴行する映像は皆無だった。中国政府は、何の落ち度もない中国人が15人殺されたと非難したが、チベット人4,000人が逮捕され200人が殺されたことは封印した。

　2008年3月18日、ダライ・ラマはダラムサラで「チベット人の抗議行動が暴力へとエスカレートするのであれば私は辞任します」と宣言し、「暴力に走るのは自滅行為であり、私は事態を掌握できません」と述べた。そして、チベット・ユース・コングレス（チベットの自治だけでなく完全な独立を求める急進派）の主要メンバーたちには次のような警告を発した。「君たちの戦いに敬服している私ですが、君たちが聞こうと聞くまいと、これだけは言っておきます。君たちの独立要求は私たちを窮地に追い込んでいます。チベット国民は自国の歴史の岐路に立たされており、君たちは中国に操られています。自由を求める闘争は誠意の闘争であって、戦闘ではありません。でも、私には君たちに『黙れ』という権限はありません」

　温家宝首相は、笑い飛ばすことも反論することも許さない口調で「デモ隊に対して我々は最大限自重して臨んだ。何の落ち度もない中国人が犠牲となった今回の出来事が僧衣をかぶった狼の一味によって仕組まれ実行された、という明白な

チベット僧がカトマンズで行った平和的なデモ行進は暴力によって鎮圧された。

証拠を我々は提出することができる」と公式の場で発言した。「蛇の頭を持つ狼」、「人間の顔をした悪魔」というのは、スターリンの衣鉢を継いだ中国当局がダライ・ラマにつけた綽名(あだな)のほんの一部である。ダライ・ラマに手こずる中国政府はその死をひたすら待ち望んでいることを隠そうともせず、執拗にイメージダウンを画策している。悪口雑言の知恵が尽きたのか、公式プロパガンダはダライ・ラマが「幼い子どもを殺して、頭蓋骨を盃にして彼らの血を飲み、彼らの尻の皮でランプシェードを作っている」と主張している。ウイグルの分離主義者の犯行とみられるテロが新疆ウイグル自治区や北京郊外で起こると、公式プロパガンダはこれをチベット騒乱と結び付けて世論を操作し、チベット国民に対する中国人の憎しみを掻き立てた。政府は「ダライ・ラマ一味」が「ウイグル独立派と共謀して自爆テロなどのテロ行為を計画し、祖国中国の安寧を揺るがそうと企んでいる」と公然と非難した。「悪口雑言は彼らの問題であって、私の問題ではありません」とダライ・ラマは笑い流し、「中国政府にあんなことを言われても、私は自分が半(なか)ば共産主義者ではないかと思ってしまいます。人民の幸福を優先せよ、と説くのが共産主義ですから。共産主義が権力によって曲げられてしまったのは誠に残念です。今日の中国は共産主義イデオロギーなき共産国家です」と語る。

3月21日、米国下院議長として副大統領に次ぐ大統領継承順位にあるナンシー・ペロシは、ダラムサラから「ダライ・ラマ法王が今回のチベット騒乱の糸を引いた」とする中国政府の非難が正しいかどうか第三者が公正な調査を行うべきである、と国際世論に訴えた。「チベット問題は世界の良心を試している」とペロシは呼びかけた。中国政府は素早く反応し「我々はあらゆる証拠を握っている。動かしがたい証拠だ。まず、暴力沙汰がチベットの複数の地方で同時に起きた。しかも、どれも同じ特徴を持った暴力沙汰ではないか。一切を企んだのは蛇の頭を持った狼だ」と発表した。しかし、チベットの人々は全員、1959年3月10日にラサ蜂起が勃発したことを知っているし、中国もそれを心得ているからこそ3月10日が近づくと3週間前から観光客をチベットに入れないことにしている。

ダライ・ラマは中国政府の高官、なかでも胡錦濤主席と会う用意がある、と表明した。中国当局の返答は「我々はあらゆる対話に前向きであるが、ダライが分離独立の計画を放棄することが条件だ」とにべもない。

1959年以来初めて、世界の目がチベットに向けられた。世界の無関心によって死を宣告され、血と涙の中で存続を図ってきたチベットに。地球市民となって同朋を守るために倦むことなく活動しているダライ・ラマが世界の人々に支持されていることが大きかった。ミャンマーの人々はといえば、ダライ・ラマのような人物を不幸にも持っていない。

ダライ・ラマは、理由なしの逮捕、法手続きを一切経ない処刑、死に至らしめる拷問が行われている、と訴えた。また、中国政府はオリンピックの後に何百万もの漢人をチベット自治区に送り込む計画を持っている、との懸念も表明し、文化大革命が引き起こした惨事に言及した。5月4日、深圳で中国政府の代表とチベット亡命政府の代表とが会談した。それまでチベット側は中国政府と7回の交渉を持ったが、何らの成果も得られなかった。中国側のスタンスはいつも同じで、「ダライとその一味がチベットの独立を要求している限り、対話などあり得ない」と繰り返すばかり。対話に応じると答えれば中国の面子(メンツ)が潰れるのだろうか。

ダライ・ラマの入国を受け入れる国々に対して中国が「内政干渉」を理由に経済制裁をちらつかせると、ほとんどの政府が天の声、とばかりに恭順の意を示す。しかし、メルケル・ドイツ首相が北京オリンピックの開会式を欠席すると表明しても、何も起こらなかった。中国人は、自分たちに毅然とした態度を示す人々に敬意を抱くのである。スペインの司法は2005年、ジェノサイドと人類に対する犯罪に関して、それがどこで起こったにせよスペインで裁くことができると公式に宣言し、1980～90年代に起きた権力濫用の罪で7人の中国指導者を告発した。その中には、この時代にチベット自治区の党書記を務め「ラサの殺戮者」の異名をとった国家主席も含まれている。

ダライ・ラマは、歴史的に見て中国が常に大チベットを他の地方とは異なる独自の存在と見なしてきた以上、チベットの自治要求には歴史的根拠がある、と考えている。1988年にストラスブールの欧州議会でダライ・ラマは5項目からなる和平案を発表しているが、この案はさらに掘り下げられ、時勢に合わせて修正が加えられるであろう。ダライ・ラマはひとつの点を特に重視し、次のように語った。「我々の国はあまりに美しく、清らかで澄んでいるので、いつの日か真の意味での平和の聖域となれないだろうか、と私は夢見ます。すなわち、完全に非武装化された世界一広い国立公園、もしくはすべての人々が自然と調和した暮らしを送る人類の生活圏(バイオスフェア)となれないでしょうか？ そうなれば素晴らしいと思いませんか？ 穏やかな時間を求めて皆さんが休暇を過ごしにいらしてくだされば、私たちチベット人は重労働に苦しまずに収入を得ることができます。観光振興は重要ですよね。違いますか？」

自身のこのアイデアに果てしない喜びを感じたダライ・ラマは高らかに笑った。地上の楽園を約束する笑いであった。

2008年の悲劇的な出来事では無辜のチベット人たちが中国の兵士たちから暴行を受け、命を落とす人まで出ました。同時に、中国人も亡くなったことも承知しています。こうした騒乱はチベットの現状がいかに深刻であるかを示すとともに、双方に益をもたらす平和的な解決策を対話によって早急に探る必要があることも明白にしました。今のような状況に至っても私は中国当局に訴えます。和平と安定を確立するために話し合いたいという気持ちを持っている、と。

チベットを支持し、2008年北京オリンピックに抗議するデモ
下（左から右へ）：2008年3月、ラサの留置所で警察官の監視下に置かれた騒乱参加者（27日）。ラサでの騒乱の最中、投石から盾で身を守る警察官たち。デモ隊と中国兵がぶつかり合う中、逃げ惑うチベットの女性たち
左頁上：人権とグローバリゼーションに関する会議におけるダライ・ラマ（ドイツのルール地方で）

私は中国によるオリンピック開催をずっと支持してきたし、ラサやその他の地に住む同胞に対しては「聖火リレーを妨害することは好ましくない」と訴えてきました。中国が変化し、「行動と思想の自由そして人権を尊重する」という昨今の国際的風潮を受け入れるようになることが必要です。現に、中国の人々も自由や人権を要求しはじめています。

上：ポタラ宮を背に、オリンピック聖火の通過終了を祝うセレモニー（2008年）
右：北京に到着した聖火を天安門で掲げもつ胡錦濤主席
左頁：北京オリンピック開会式のセレモニー（2008年8月）

113

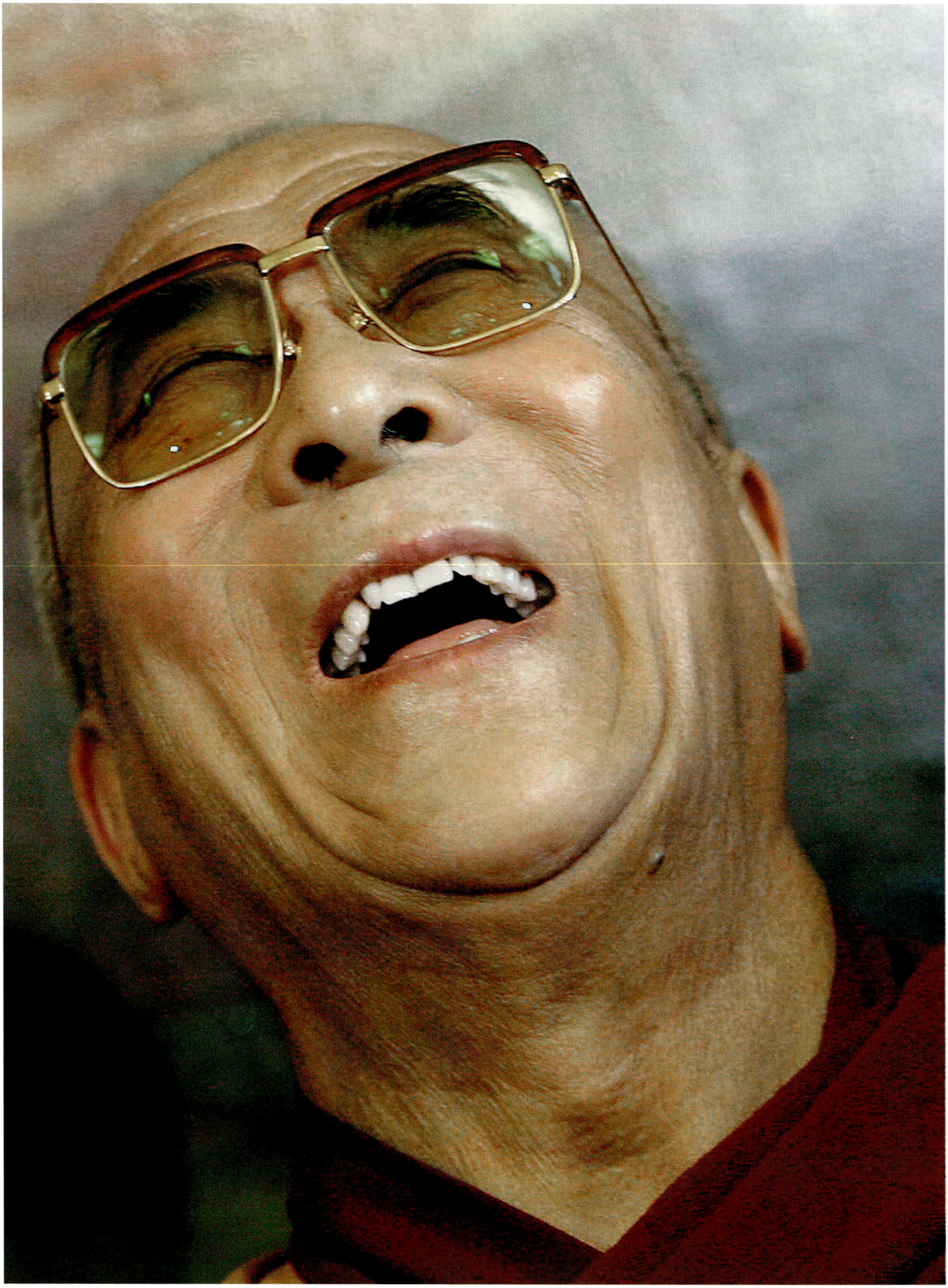

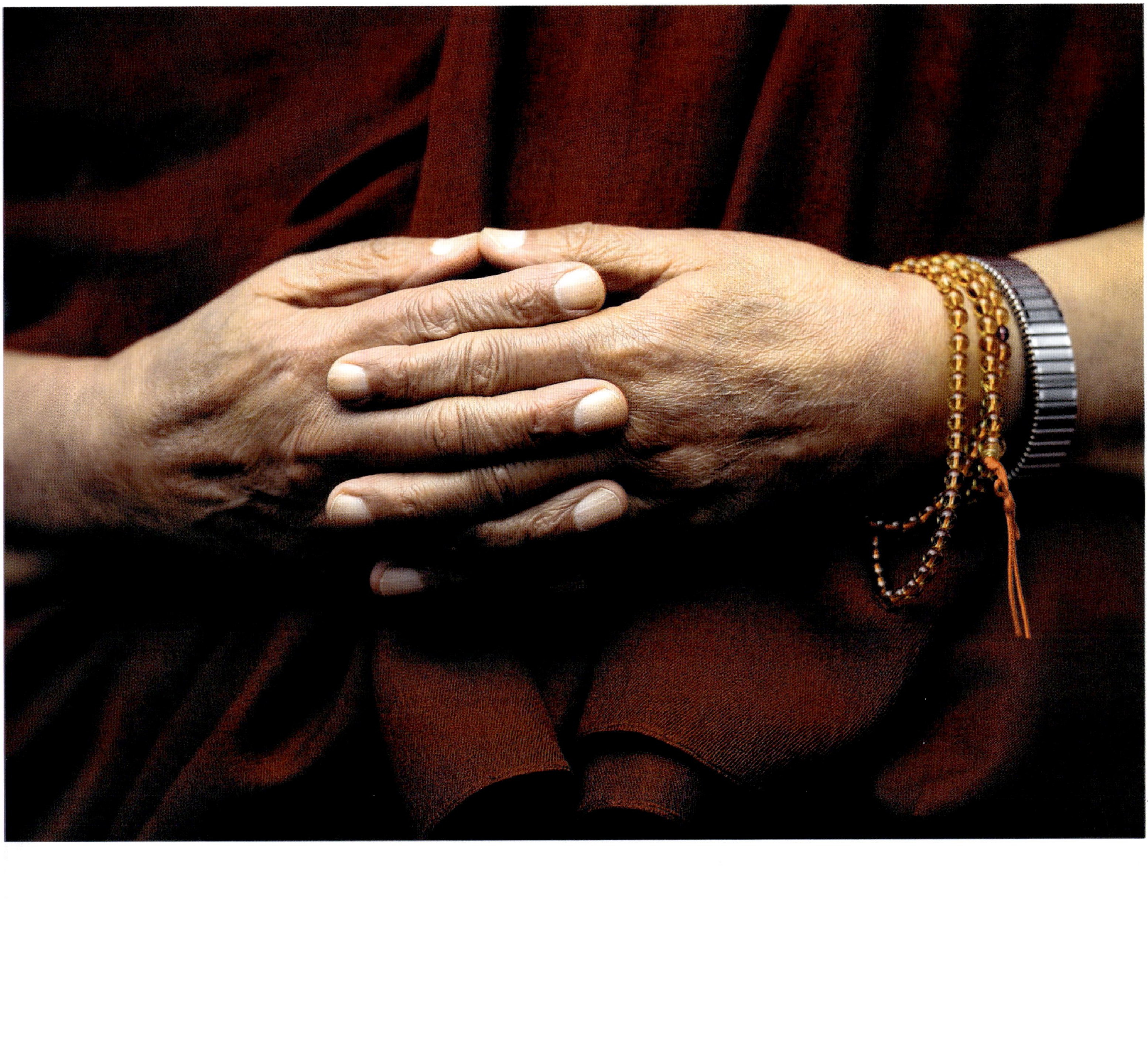

チベットが自由と自治を回復すれば、私は政治的および公的な役職すべてを辞すつもりです。そうなれば一介の僧侶として、チベットの人々と触れ合う機会をこれまでより多く持つことができるでしょう。これまでより人々の声に応えることも、役に立つことも多くなるでしょう。

解説
「愛と慈悲、非暴力」の未来へのメッセージ

　1959年3月、チベット動乱の知らせを受けた毛沢東は、「で、ダライ・ラマはどうした？」と聞いた。ダライ・ラマが脱出したことを知ると毛沢東は、「それじゃあ、この戦さは我々の負けだ」と言ったそうだ。本書でダライ・ラマ自身が証言している（56頁）。

　それから今年で50年になる。この半世紀、ダライ・ラマ14世の生涯はチベット国民の自治獲得を求める運動と、仏教の基本理念である叡智と非暴力のメッセージを世界に伝える活動に捧げられてきた。1989年にノーベル平和賞という栄誉を手にしたが、その生活は簡素であり、時間の大半は瞑想、亡命者への支援、同胞の尊厳のための飽くなき運動に費やされている。現代の辛苦を一身に背負い、棘の冠を被って、世界中の人々の心に「愛と慈悲、非暴力」を説き続ける。まさに今日のガンディーであり、キリストであり、釈迦である。

　19年前になるが、初めてダライ・ラマ猊下を特写するため亡命の地ダラムサラを訪ねたおり、「中国をどう思いますか？」と質問したことがある。猊下は、「中国を恨む心を恨む」とおっしゃった。私はいたく感激した。

　私は長年、十二代市川團十郎を撮影してきており、歌舞伎のお芝居の世界では、人を恨む、憎む、それも何代にもわたって憎み続ける人間の心というものがしばしば表現される。地球上のあらゆる物質は熱や力で破壊することができる。しかし、人の心に宿った恨み憎しみはたとえ原爆をもってしても消すことはできない。真の平和は兵器の力では達成されない。お互い相手の立場に自身を置き換え、愛をもって許すことが大切——そう聞かされた私は、深い敬意を抱きながら、今日までダライ・ラマ猊下を撮影し続けている。

　2008年の北京オリンピックの聖火リレーを機に、ダライ・ラマの存在があらためて世界的な注目を浴びるようになった。これは時を同じくして、世界中がダライ・ラマの説く「愛と慈悲、非暴力」を求める時代に入ったからだと思う。

　ダライ・ラマ14世は一貫して、人間としての内面の価値を育み、高めることが世界平和の礎と説く。ところが人間のとめどもない欲望と暴力は地球を傷め、必要以上に便利になった生活は、人々の体力を弱め、そして心をも弱めた。

　チベットでは現在でもヒマラヤの6,000メートルの激寒の雪の頂を、両親家族と離れた幼い子どもが2週間もかけ、ツァムパという大麦の粉だけを携え、神なき暗黒の世界から愛と慈悲、そして平和を求めて命がけの山越えをする。途中で命を落とす者、手足を凍傷で無くす者も多い。それでも両親は真の教育を受けさせようと送り出す。自由と希望のない国からやって来た子どもたちは、戦後の焼け野原に佇むかつての日本の子どもたちのような顔をしている。

　しかしダラムサラに着き、ダライ・ラマ法王に会い、TCV（Tibetan Children's Village、チベット子ども村）に収容された子どもたちは数か月で見違えるような明るい伸び伸びとした表情に変わる。ここの生徒のほとんどが親と別れ、ヒマラヤを越えてきた子どもたちで、年長者はきょうだいのように幼い生徒の面倒をみ、全員が炊事洗濯など家事を分担し、一つの明るい家庭を成している。授業もチベット語、英語、ヒンディー語の3か国語を学び、卒業生にはハーバード大学に留学する者も少なくない。暖房施設のないTCVは、12月中旬から3月初めにかけて長い冬休みに入る。この間、子どもたちは家族の元へ帰るが、帰る家のない孤児は

同じ境遇の子どもたちとともに村に残る。「家に帰らないの？」と聞くと、「僕たちは孤児だから」と胸を張って答え、カメラに向かって破顔一笑してくれた。なんと健気(けなげ)な精神美であることか。TCVでは孤児の養子縁組を行っていない。チベットの子どもたちはチベット人の手で育てるという矜持(きょうじ)だろう。TCVはダライ・ラマがインドに亡命した２週間後に開設されたというから、50年を経ている。

ダライ・ラマ一行が安住の地を求めてダラムサラにやってきた時、この地に住んでいた山岳民族ガディの人々は、僅か２部屋ばかりの狭い家に彼らを受け入れ、乏しい食物を惜しみなく分け与えたと聞く。チベットの苦難の歴史の陰に、インドの人々のこうした温かい心があったことを忘れてはなるまい。そして、今も仏教国に数えられるわが国がチベットの人々のために何をなし得たか、そしてこれから何をなし得るかを考えなければならないと思う。

ある時、亡命チベット人のパスポートを見せてもらうと、国籍欄に無国籍と記入されていてびっくりしたことがある。驚くと同時に、一つの地球に国境はいらない、そんな時代がいずれやってくることを願わずにいられなかった。

世界中で変化が叫ばれ、日本でも「変」が象徴的な漢字に選ばれた昨年、アメリカでは建国以来初めて黒人であるオバマ大統領が当選し、年明けに就任した。未曾有の経済危機にあって、世界の大企業が今までの鎧を脱ぎ捨て、生まれ変わろうとしている。記念すべきこの年に、ダライ・ラマの画期的な写真集が世界共同出版されることは大変に意義深い。

この写真集は芸術、文化、人権などにおいて世界をリードするフランスで編集された。ダライ・ラマ14世テンジン・ギャツォの生涯の重要な節々を物語る170枚もの写真はどれも素晴らしく、従来一般には見ることのできなかった秘蔵写真も公開されている。映画「セブン・イヤーズ・イン・チベット」で知られるオーストリアの登山家ハインリヒ・ハラーの若き日の写真も収録されている。これまでチベッタンライブラリーなどでダライ・ラマに関する多くの資料写真に接してきた私も正直、目をみはった。特に14世誕生からインドでの亡命生活に入るまでの、幼少時代や逃避行中の貴重な写真は初めて目にするものばかりで、よくここまで集められたと驚く。本書は、ダライ・ラマ猊下と関係者が互いに信頼と尊敬で結ばれた結晶と言ってよい。

この本では１枚１枚の写真についての思い出や歴史的証言を、ダライ・ラマ自身の肉声が語ってくれる。本人によるコメントを読みながら写真を追ってゆくと、ダライ・ラマの数奇な運命、占領されたチベットの悲劇がまざまざと蘇る。各章はクロディーヌ・ベルニエ＝パリエスの背景説明で始まり、読者はダライ・ラマとチベットの人々が歩んできた歴史を知ることができる。序文を執筆したマチュー・リカールは、仏教の基本理念について語るとともに、疲れを知らずに平和を説いて歩く巡礼者、世界の良心を代表する最も優れた現代人の一人であるダライ・ラマの日常の姿を伝えてくれる。

私自身、ダライ・ラマのお姿をカメラで追い続けてきたが、本書はダライ・ラマの写真集として決定版であり、その資料価値は将来にわたって高まってゆくにちがいない。書道美術図書で定評のある二玄社が手がけた日本語版『ダライ ラマ：真実の肖像』の素晴らしい余韻は、我々の未来に大きな勇気と力を与えてくれるだろう。

写真家　薄井大還

写真クレジット

CORBIS：
　カバー表（Doane Gregory/Sygma）, 15（Hulton-Deutsch collection）, 20と21右（Bettman）, 27下（Craig Lovell）, 49（Bettman）, 68上と69（Anna Branthwaite）

大英博物館：
　10, 11, 21下, 23, 27上, 32下

Norbulingka Institute Archives：
　12, 18, 19, 22下, 33, 41, 50, 51, 54, 55, 57下, 88上, 88左下, 90, 91, カバー裏

Pitt Rivers Museum：
　13, 14, 21上, 21左中, 24-25, 26下, 28下, 30, 32上, 34, 35, 36下

Rue des Archives：
　16（BCA/CSU）, 17下（SVB）, 39（BCA/SCU）, 42と43（Tal）, 48下と56下および57上（AGIP）, 97（SPPS）

D. N. Tsarong / CRI-Lorraine：
　17上, 37, 44中, 44下

Keystone-France：
　22上, 28上, 29, 31, 36上, 38, 44上, 45, 46上, 47, 48上, 52, 56上, 87上, 88下右

チューリッヒ大学民族学博物館/Heinrich Harrer：
　26上

AFP Photos：
　40, 46下, 53, 59, 60右, 66, 67, 76上, 77上（Mark Ralston）, 86上, 89上, 96（Manan Vatsyayana）, 104（Lucy Nicholson）, 105下（Olav Olsen）, 111下（Rune Backs）, 113下（Peter Parks）

複製権保有：
　58, 60左

Rapho：
　61（Pierre-Yves Ginet）, 63下（Julien Chatelin）, 64上（Michaël Yamashita）, 70と71（Pierre-Yves Ginet）, 76下（Michaël Yamashita）, 80下（Pierre-Yves Ginet）, 81中と94下（Julien Chatelin）, 95上（Hervé Bruhat）

Gamma：
　62（Arnaud Prudhomme）, 63上（新華社）, 65上（Arnaud Prudhomme）, 68下（Xavier Rossi）, 78-79（François Lochon–Frédéric Reglain）, 81下（François Lochon）, 82（Xavier Rossi）, 84（Arnaud Brunet）, 85（Davies Karen）, 106上（Arnaud Brunet）, 106下（Hugo Philpott/UPI）, 108（Noël Quidu）, 110-111下中央（新華社）

Jacques Torregano/Fedephoto：
　64-65下, 73下, 81上

Akg-images：
　72上（Mark de Fraeye）

Getty Images：
　72下（Paula Bronstein）, 86下と87下（John Dominis/Time Life Pictures）, 89下（Radloff/Three Lions）, 110上（Patrick Stollarz）, 113上（Guang Niu）, 115（Carsten Koall）

Magnum Photos：
　73上（Steve McCurry）, 83（Raghu Rai）, 99上（Henri Cartier-Bresson）, 99下（Martine Franck）, 102下（Raghu Rai）, 107上（Ferdinando Scianna）

Sipa：
　74-75, 77中と77下（Jeremy Hunter）, 110下（Andy Wong）

David Lefranc：
　80上

Cosmos：
　92, 93, 94上, 94中と95下（Hélène Bamberger）, 107下（Gilbert Vogt）

VII：
　98, 102上と103（James Nachtwey）

Manuel Bauer/Focus-Contact Press Images：
　100-101, 105上

Reuters：
　111上（Susana Vera）, 112（Jeremy Lampen）

EPA：
　114（Andy Rain）

Godong：
　116（P. Deliss）

日本語版協力

ダライ・ラマ法王日本代表部事務所
鈴木知子
株式会社スタジオ・フォンテ

ダライ ラマ　真実の肖像

2009年5月20日	初版発行

著者	ダライ・ラマ14世
	クロディーヌ・ベルニエ゠パリエス
	マチュー・リカール
訳者	神田順子

発行者	黒須雪子
発行所	株式会社 二玄社
	東京都千代田区神田神保町2-2　〒101-8419
	営業部／東京都文京区本駒込6-2-1　〒113-0021
	電話 03-5395-0511　FAX 03-5395-0515
	URL　http://www.nigensha.co.jp

JCLS ㈱日本著作出版権管理システム委託出版物
本書の無断複写は著作権法上の例外を除き禁じられています。
複写を希望される場合は、そのつど事前に㈱日本著作出版権
管理システム（電話 03-3817-5670、FAX 03-3815-8199）の許
諾を得てください。

Japanese Edition：ⓒ2009 Nigensha Publishing Co., Ltd. Tokyo, Japan
ISBN978-4-544-05013-4
Printed in Italy